本书得到"首都对外文化贸易与文化交流协同创新中心"经费支持

"一带一路"沿线主要国家文化市场研究系列丛书

总主编 李嘉珊

国际文化市场研究

RESEARCH ON INTERNATIONAL CULTURAL MARKET

印度卷

INDIA

VOLUME

〔印度〕穆罕默德·萨奇夫（Mohammed Saqib）
著

社会科学文献出版社
SOCIAL SCIENCES ACADEMIC PRESS (CHINA)

"一带一路"沿线主要国家文化市场研究系列丛书

指导单位

中华人民共和国商务部服务贸易和商贸服务业司

编撰单位

北京第二外国语学院国家文化发展国际战略研究院
首都国际服务贸易与文化贸易研究基地
首都对外文化贸易与文化交流协同创新中心
国家文化贸易学术研究平台

总主编

李嘉珊

《国际文化市场研究·印度卷》作者

穆罕默德·萨奇夫

总 序

学术外交为媒　连接中国与世界

　　世界上本没有路，古丝绸之路通过贸易连接起亚欧非人类文明，是商人把各自的文化伴随他们带往异国的香料种子一起沿途播撒，时间久了，走的人多了，也便成了路。今天，当我们以民心相通为基础推进"一带一路"建设之时，更离不开文化的传播与文明的对话。近年来，中外文化交流日益频繁，合作亮点频频，多项中国与共建"一带一路"主要国家文化合作纲要的签署更为中外文化交流与合作创造了不可多得的机遇。文化产业作为朝阳产业在各国发展中的作用和地位日益凸显，越发受到各国政府重视。作为连接中国与世界的重要纽带，文化产业国际合作将成为未来国际发展的新引擎。在双循环与新发展格局背景下，文化贸易是切实推进民心相通的重要纽带，实现文化市场的互联互通是关键。

　　各国在广播影视、艺术表演、图书版权、动漫游戏、创意设计等领域的发展都独具特色，其中，不同国家和地区的交流与合作愿望强烈。遗憾的是，长期以来有关国家文化市场的信息缺失，中外沟通渠道不畅，在一定程度上成为发展中外文化贸易的主要障碍。

　　为破解难题、精准对接中国与全球文化市场，推动中国文化产业"走出去""提质增效"，自2015年起北京第二外国语学院国际服务贸易与文化贸易研究团队，汇聚国内外57家大学和研究机构的政产学研各界别70余位专家。学术交流内容聚焦、特点鲜明，学术合作成效显著。基于平等对话的前提，自信表达中方学术观点，与外方既有思想碰撞又互学互鉴，构建起务实合作的学术交流机制。同时聚焦前沿话题，精准对接中外文化产业资源，推进文化贸易发展。作为学术外交的实践先行者，组建起多支中外合作研究团队启动编撰"国际文化市场研究"系列丛书，搜集、梳理、翻译文献资料，分析、研讨、撰写研究报告，努力将共建"一带一路"主要国家文化市场的情况全面、真实、准确地呈现出来。主要内容包括共建"一带一路"主要国家文化市场发展特点，文化市场供求状况，文化市场政策、资金和人才状况，文化产业国际化状况以及重点文化行业的市场发展状况。

"一带一路"沿线主要国家文化市场研究系列丛书得到中华人民共和国商务部服务贸易和商贸服务业司的支持和指导。"国之交在于民相亲，民相亲在于心相通"，我们将共同见证中国与共建"一带一路"主要国家文化产业的全面合作，期待把文化贸易新篇章书写在"一带一路"倡议实施的征程中！

总主编：李嘉珊

北京第二外国语学院教授
国家文化发展国际战略研究院常务副院长
首都国际服务贸易与文化贸易研究基地首席专家
国家文化贸易学术研究平台专家兼秘书长
2021 年 10 月

鸣　谢

感谢北京第二外国语学院（BISU）为本书出版提供的大力帮助。特别要感谢李嘉珊教授提出了本书的想法以及她的真知灼见和指导。同时还要感谢的有王丽君女士，很开心可以和她分享我们的想法，感谢她为我们梳理本书逻辑；曹可臻女士，感谢她从中文的角度为我们的初稿提供反馈；Riya Sinha，感谢她一直参与写作与编辑的工作；最后，还要向 Irfan Alam 和其他参与本书的印度中国经济文化促进会的同事表示感谢。

Mohammed Saqib

目录 CONTENTS

001 / 前　言

001 / 第一章　印度文化市场概览

005 / 第二章　印度文化市场主体
　　　　　　一　印度文化市场政府监管机构　　　　006
　　　　　　二　印度文化市场私营参与机构　　　　013
　　　　　　三　各文化行业组织及监管机构　　　　018

033 / 第三章　文化市场政策
　　　　　　一　印度促进文化产业发展的举措　　　034
　　　　　　二　印度知识产权保护的规定　　　　　035
　　　　　　三　重点文化行业针对性政策　　　　　037

043 / 第四章　文化市场资金
　　　　　　一　政府资金及项目扶持　　　　　　　044
　　　　　　二　其他形式融资　　　　　　　　　　050

055 / 第五章　文化市场人才

一　表演艺术行业人才培训　　056
二　文化教育行业人才培训　　057
三　其他领域人才培养机构　　058

063 / 第六章　文化产业国际化

一　政府大力促进文化产业国际化　　064
二　文化产业国际化发展相关组织机构及活动　　065
三　印度对外文化贸易发展情况　　069

075 / 第七章　重点行业市场发展现状

一　电影行业　　076
二　广播电视行业　　082
三　表演艺术行业　　086
四　印刷行业　　089
五　动画行业　　093
六　游戏行业　　097
七　手工艺品行业　　100
八　纺织行业　　105
九　文化旅游行业　　109
十　文化教育行业　　113
十一　视觉艺术行业　　114

119 / 第八章　中国与印度文化交流合作

129 / 参考文献

134 / 后　记

前　言

　　印度是世界四大文明古国之一。公元前 1500 年左右，原居住在中亚的雅利安人中的一支进入南亚次大陆，征服当地土著，创立了婆罗门教。公元前 4 世纪崛起的孔雀王朝统一印度，在公元前 3 世纪阿育王统治时期达到鼎盛，把佛教定为国教。公元 4 世纪笈多王朝建立，形成中央集权大国，统治 200 多年。中世纪小国林立，印度教兴起。1398 年，突厥化的蒙古族人由中亚侵入印度。1526 年建立莫卧儿帝国，成为当时世界强国之一。1600 年英国开始入侵印度。1757 年印度沦为英国殖民地，1849 年全境被英国占领。1947 年 6 月，英国通过"蒙巴顿方案"，将印度分为印度和巴基斯坦两个自治领。同年 8 月 15 日，印度独立。1950 年 1 月 26 日，《印度宪法》正式生效，印度成立共和国，同时仍为英联邦成员。①

　　几个世纪以来，印度文明一直被称为"文化大熔炉"。文化深深植根于印度人的政治、经济和社会生活，成为国家的核心。印度拥有 13 亿人口、7 大宗教（以及无数小宗教）和 22 种官方语言（以及其他地区特定方言）。印度文化有两大基本特征：多样性和宗教性。印度是印度教、佛教、耆那教、锡克教和其他宗教的发源地，宗教影响并塑造了印度文化的多样性，文化的多样性使印度变得独特而美丽。

　　印度与其他南亚和东南亚国家在古老文明和文化上的联系形成了一种共同的文化遗产，这种文化遗产有助于维护各国间的关系和共同认识。印度独

---

① 《印度国家概况》，中华人民共和国外交部，https://www.fmprc.gov.cn/web/gjhdq_676201/gj_676203/yz_676205/1206_677220/1206x0_677222/，最后访问日期：2019 年 11 月 13 日。

立后，人们越来越关注保护文化遗产。《印度宪法》也载有保护文化遗产的相关条款，因为文化不仅对印度的民族团结至关重要，而且使印度在处理全球事务方面拥有战略优势。

文化往往与一国的软实力画等号。印度凭借其文化特别是电影文化、音乐文化和食物文化，在全球市场中展现其独特的文化魅力，并开展全球文化外交。印度电影和音乐享誉全球，从亚洲到欧洲再到非洲都有印度电影和音乐的痕迹。印度食物，曾经只是被用来填饱肚子，而现已深深影响了全球美食革命。然而，印度在全球文化市场中的重要性远不仅仅体现在电影文化、音乐文化和食物文化方面，印度文化的真正潜力还远未被发掘。

在过去十年中，世界看待印度文化的方式发生了转变。印度对文化的推广也取得了巨大的成就：联合国将6月21日定为国际瑜伽日，全球对印度面料的需求日益增长，印度设计师与国外同行不断开展合作。在商业世界中，对印度文化的了解被认为是在印度经商的必要前提。

近年来，文化市场的红利让全球掀起了文化热。文化市场的重要性也得到了全球的认可。

文化对现代印度的发展具有重要作用，同时文化产业也是印度经济的重要组成部分。本书收集了相关信息，提出了对"印度文化市场"的见解，涉及电影、表演艺术、旅游、出版等不同的领域，并突出介绍了市场中重要的机构、项目和企业等要素。

印度文化市场的组织程度不高，由小型私营企业主导，信息分散，没有权威的数据源。因此本书主要基于相关发表的报告及采访的二手信息进行研究。

本书详细介绍了特定文化产业发展的现状和前提，旨在强调印度文化市场的现行做法和金融结构，并为书中相关文化产业未来的研究、投资、合作奠定基础。

第一章
印度文化市场概览

过去十年，得益于文化市场的经济红利，全球对这一领域加强了关注和研究，各国政府的相关部门也出台了一些政策并采取了相关措施加强文化产业的推广和营销。

文化产业在印度经济中所占的比重很大，许多政府机构和私营机构在海内外推动文化产业方面发挥了重要作用。一些关键文化产业领域如电影、电视、表演艺术、印刷出版、动画和网游、纺织以及旅游等为印度文化的海外推广提供了极大助力，并吸引了外部投资。上述每一个领域在印度国内与海外的市场规模都相当可观。

随着消费者需求的不断增长和广告收入的增加，预计印度文化产业产值将从2018年的约227.6亿美元以13.10%的年增速在2023年达到约421.2亿美元。根据2018年的数据，印度文化产业中产值最高的三个领域分别为电视、印刷和电影，其贡献了产业总收入的72.9%，其中电视行业一家独大，以约100.6亿美元占印度文化市场的44.2%，排在其后的是约41.5亿美元的印刷业和约23.8亿美元的电影业。过去十年文化产业的发展受到数字化技术和网络用户的推动。印度的媒体和娱乐产业（M&E）近年来持续发展，对大多数人来说，网络已经成为娱乐的主流媒体。作为媒体和娱乐产业增长的动力源，印度的广告业将使印度成为继中国之后亚洲增长最快的广告市场。2018年文化产业的广告收入为94.4亿美元，预计于2023年达到183.9亿美元。印度文化产业的从业人员达400万人，外部投资超过70亿美元。

印度的电影业就电影年产量而言是世界最大的，印度每年产出1500~2000部电影，印度电影也被译成20多种语言在全球范围内传播。2020年印度电影业收入为24.7亿美元。

电视业在印度媒体和娱乐产业中的比重最大。技术创新、可支配收入的增加、政府推动数字化的努力等都将继续促进印度电视业的增长。电视业的增长和扩张使电视覆盖率达到75%。每月3美元的订阅费使电视成为印度媒体和娱乐产业中价格最亲民、最受青睐的媒体。印度电视台总计 857 个，2017 年的规模为 108 亿美元。媒体和娱乐产业的高消费使得广告收入一直以 14.4% 的年复合增长率（CAGR）稳步增长。

表演艺术业主要包括剧院、舞蹈、古典音乐。数百年来剧院都是印度表演艺术文化演出和宣传的重要场所，不同的社区将民间剧院作为沟通的渠道。2018 年表演艺术业规模达 40 亿美元。如今，印度剧院的表演语言涵盖了英语和一些部族语言在内的 24 种主要语言。

印刷业在印度要追溯至 18 世纪。经过长期的发展，其规模在 2017 年达到 67 亿美元。凭借增长的年轻人口和世界第四大高等教育体系，印度有实力成为世界主要知识经济体之一。根据 2015 年尼尔森报告，印度是世界上第二大英语印刷书籍市场，超过 9000 家出版社每年出版 90000 种书籍，2018 年的年复合增长率超过 20%。出版社直接雇佣 40000 人，间接向相关产业提供了上千个岗位。广大的读者群与本土的广告业极大地推动了印度传统印刷业发展。印刷业在印度的私有化程度高，多数出版社由私营实体拥有。此外，数字化技术的出现为该行业带来了挑战。

动画、视觉特效和游戏行业是全球增长最快的行业，动画和视觉特效广泛应用于电视、电影、医药、教育、建筑等领域。印度动画行业产值在 2017 年约为 10 亿美元，2020 年可能达到 157 亿美元。通过电视上的寓言童话动画创新、建筑上传统观念的创新应用等，动画、视觉特效和游戏行业对推广印度文化具有重要作用。在阿里巴巴、Paytm 和 AGTech 等电子商务平台的支持和 Gamepind 等游戏平台的助力下，印度动画、视觉特效和游戏行业吸引了大量的外部投资。目前，印度的游戏行业已成为世界五大游戏行业之一。

手工艺品业和纺织业是印度最为多样的文化产业，印度拥有超过 700 万名地区艺术家和 67000 家出口商。2017 年至 2018 年，印度手工艺品出口额达 35 亿美元。纺织业是印度经济最古老的行业，其发展历史可以追溯到几个世纪以前。2017 年至 2018 年印度纺织出口额为 392 亿美元。据不完全统计，2019 年印度纺织业市场规模约为 2500 亿美元。从 2000 年 4 月到 2018 年 6 月，整个产业（包括印染）吸引外商直接投资（FDI）29.7 亿美元。

印度旅游业已经逐渐成为印度服务领域发展的重要动力。2017 年，印度旅游业产值为2100亿美元，占印度GDP的9.4%，旅游业提供了4.1622亿个就业岗位，占印度总就业的8%。得益于印度丰富的文化和历史遗产，全国生态、地形和自然景观的多样性，文化旅游业已经成为印度经济发展的重要动力。文化旅游业的热度也让印度政府乘机推出一系列全球推广的倡议，如文化教育计划等。

博物馆和美术馆的发展如火如荼。几百年来，印度致力于历史和文化的保护与传承。印度具有历史意义的博物馆、纪念碑、艺术画廊超过千家。除博物馆内保存的丰富历史文化遗产外，还有超过1500家画廊和6家拍卖行在展示和宣传印度的当代艺术。印度的艺术市场正在稳步发展，2017年其产值为2.5亿美元，较五年前增长了15%。其中9800万美元来自当代艺术业。不仅许多年轻人开始收藏当代的艺术品，苏富比这样的国际艺术拍卖行也逐渐开始关注印度的当代艺术。

第二章
印度文化市场主体

一 印度文化市场政府监管机构

(一) 印度文化部

印度拥有世界上最丰富的非物质文化遗产,如音乐、舞蹈、民间传统、书画等。至今,印度已有 13 项非物质文化遗产被列入联合国教科文组织(UNESCO)[①]非遗名录。为了保护这些文化遗产,印度文化部开展了数个项目,向参与推广表演艺术、视觉艺术与文化艺术等的个人、群体、文化组织提供资金支持。

印度文化部的使命是保护、保存古代文化遗产,推广物质和非物质艺术文化。文化部内部设置以部长为首,下设 5 个局级部门。其还设有 2 个附属办公室、6 个下级办公室和 35 个自主机构,资金全部来源于包括 7 个区域文化中心(Zonal Cultural Centres, ZCCs)在内的政府部门(如图 2-1 所示)。

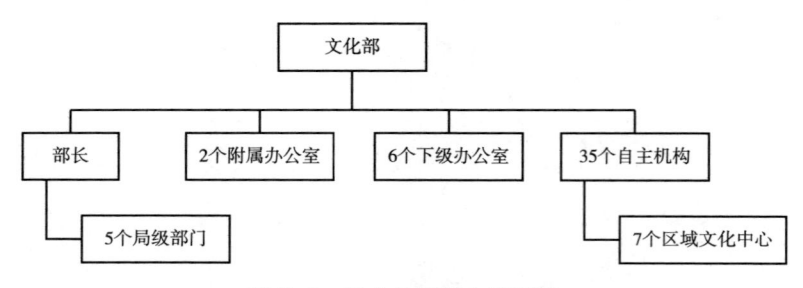

图 2-1 印度文化部内部设置

印度文化部的职责是保护、促进和传播印度各种文化艺术,具体包括:保存和维护文化历史遗产和古迹;促进文学、视觉艺术和表演艺术的发展;

[①] "India and the 2003 Convention",联合国教科文组织(UNESCO),Intangible Cultural Heritage, https://ich.unesco.org/en/state/india-IN,最后访问日期:2019 年 11 月 13 日。

管理图书馆；举行重大人物及事件的纪念活动和庆典；促进佛教和藏学机构及组织的发展；促进文化艺术领域非官方活动的开展；与世界各国签订文化合作协定和执行计划。①总的来说，文化部致力于保护、开发、推广印度的物质文化遗产（建筑、历史场所、纪念馆、人工作品等）、非物质文化遗产（口述传统、表演艺术、社会行为、仪式和节日活动等）和知识遗产（自然和宇宙相关的知识和实践、传统手工艺知识与技艺）。

此外，文化部还负责推广甘地遗产（甘地的文学、思想、原则和相关遗迹），纪念重要历史活动和伟人。

印度考古局（Archaeological Survey of India，ASI）是印度文化部负责考古研究和文化古迹保护的政府机构。通过考古调查，文化部集中管理、保护所有具有重要意义的文化纪念碑，并支持本国博物馆的活动。印度大多数的博物馆都在文化部的管理之下。文化部还以提供补助金的形式推广地区博物馆。在非遗领域，文化部将经济支持范围扩展到参与表演艺术、视觉艺术和文学艺术活动的个人、群体和组织。

文化部通过印度国家文学院（Sahitya Akademi）和国家音乐、舞蹈和戏剧学院（Sangeet Natak Akademi/The National Academy for Music, Dance and Drama）这样的机构颁发奖励，从而使得文化部参与对艺术和文化领域的杰出作品的表彰工作。文化部的另一机构国家戏剧学院（National School of Drama，NSD）以传统和多样性文化为基础积极推广具有现代意义的剧院活动。

文化部也负责管理印度所有主要图书馆，为其制定发展政策，提供资金补助。文化部在印度国家档案馆（National Archives of India，NAI）中保存了本国所有的档案记录，并通过以下机构保管、推广佛教和藏文化：

- 中央佛学研究院（Central Institute of Buddhist Studies）②

---

① 《印度主要文化机构》，中华人民共和国驻印度共和国大使馆，https://www.fmprc.gov.cn/ce/cein/chn/gyyd/t867209.htm，最后访问日期：2019年11月15日。

② Central Institute of Buddhist Studies，https://cibs.ac.in/，最后访问日期：2019年11月17日。

- 中央喜马拉雅研究院（Central Institute of Himalayan Culture Studies）[1]
- 中央藏学大学（Central Universities of Tibetan Studies）[2]
- 那烂陀同等学力大学（Nava Nalanda Maha Vihara）[3]

文化部也开展了不少相关项目。艺术和文化领域的能力建设项目主要通过考古学校、档案学校、国家博物馆艺术历史院、博物馆学基金会和阿布·卡拉姆·阿扎德（Maulana Abul Kalam Azad）亚洲研究院等机构推广。国家戏剧学院和卡拉克谢特拉基金会（Kalakshetra Foundation）开设的相关课程是这一项目的重要组成。文化部也有其他具体的项目，如针对博物馆专业人员能力建设和培训的经济支持项目[4]，这一项目旨在将训练有素的文化从业者输送到各级博物馆，如国家级别、邦级别、地区级别的博物馆。此外，国家图书馆委员会的能力建设项目[5]重点评估图书馆和信息科学管理领域的人员需求，并采取必要措施如教育和培训以满足这一需求。

（二）印度文化关系委员会

【简介】印度文化关系委员会（The Indian Council for Cultural Relations，ICCR）成立于 1950 年，是印度政府的自主性机构，负责印度的对外文化关

---

[1] "Central Institute of Himalayan Culture Studies, Dahung"，Ministry of Culture，Government of India，https://indiaculture.nic.in/central-institute-himalayan-culture-studies-dahung-arunachal-pradesh，最后访问日期：2019 年 11 月 17 日。

[2] "Central Universities of Tibetan Studies, Sarnath, Varanasi"，Ministry of Culture，Government of India，https://indiaculture.nic.in/central-universities-tibetan-studies-sarnath-varanasi，最后访问日期：2019 年 11 月 17 日。

[3] "Nava Nalanda Maha Vihara, Nalanda, Bihar"，Ministry of Culture，Government of India，https://indiaculture.nic.in/nava-nalanda-maha-vihara-nalanda-bihar，最后访问日期：2019 年 11 月 17 日。

[4] "Scheme for Capacity Building And Training for Museum Professional"，Ministry of Culture，Government of India，https://indiaculture.nic.in/scheme-capacity-building-and-training-museum-professional-0，最后访问日期：2019 年 11 月 17 日。

[5] "Capacity Building Programme of National Mission on Libraries for Public Library Personnel"，Raja Rammohun Roy Library Foundation，http://rrrlf.gov.in/Docs/pdf/Capacity_Building_Programme_Brochure.pdf，最后访问日期：2021 年 8 月 30 日。

系，涉及国家间及民间的文化交流管理。

印度文化关系委员会的宗旨是加强印度与别国、印度人民与别国人民之间的文化关系和互相的沟通理解。长期以来，委员会致力于推动文化交流和国家间的创意性对话。为了促进与世界不同的文化的互动，委员会努力地向外展示印度丰富多样的文化。值得肯定的是，委员会一直是印度与友国文化和知识交流坚定的支持者。

印度文化关系委员会总部位于新德里，在全国16个城市，即班加罗尔、昌迪加尔、金奈、克塔克、果阿、古瓦哈蒂、海得拉巴、斋浦尔、加尔各答、勒克瑙、孟买、巴特那、浦那、西隆、特里凡得琅和瓦拉纳西设立了办事处。由于国际业务的需要，委员会还在全球21个城市，即乔治敦、帕拉马里博、路易港、雅加达、莫斯科、柏林、开罗、伦敦、塔什干、阿拉木图、约翰内斯堡、德班、西班牙港、科伦坡、达卡、廷布、圣保罗、加德满都、曼谷、吉隆坡和东京建立了文化中心。

【职责】委员会通过广泛的活动履行其文化外交的使命：

- 促进学者、科研人员、意见领袖、艺术家、作家、表演艺术团体之间的互访，组织、参与海外研讨会、交流会；
- 在海外建立印度领袖的雕像；
- 在海外发布和印度乐器相关的信息、音视频材料和书籍；
- 积极与在印度的外国文化中心合作（如在印度的13家英国图书馆中的9家是由印度文化关系委员会和英国文化教育协会共同管理的）。

在教育领域，印度文化关系委员会负责：

- 管理在印留学生的奖学金；
- 协助组织、参加在印举办的学术论坛、讲座、竞赛和研讨会；
- 管理印度的地区办事处和海外的文化中心；
- 建立和维护海外高校、海外文化中心在印度开展研究的教授和主席管理制度。

除在国内外组织相应的文化节庆活动，印度文化关系委员会还在经济上支持许多境内文化机构和个人的舞蹈家、音乐家、摄影师、剧院人员、视觉艺术家。委员会还负责管理"贾瓦哈拉尔·尼赫鲁国际理解奖"（Jawaharlal Nehru Award for International Understanding）。这一奖项由印度政府于1965年成立，上次颁奖时间是2009年。

（三）文化资源和培训中心

【简介】文化资源和培训中心（Centre for Cultural Resources and Training，CCRT）是主要负责连接文化与教育的机构。中心成立于1979年，是印度政府的自主性机构，得到文化部的支持。文化资源和培训中心的核心理念是落实全面教育，保障学生认知、心理和精神的全面发展。为了实现这一理念，文化资源和培训中心将对文化的知识和理解作为培养学生逻辑思维、创造性和独立性的基础。

文化资源和培训中心致力于让文化成为教育的基础并以此加强国家的文化基础。文化资源和培训中心总部位于新德里，下设三个区域中心（西部地区中心位于乌代布尔，南部地区中心位于海得拉巴，东北部地区中心位于古瓦哈蒂），以便更好地传播印度的文化和艺术。文化资源和培训中心让教师、学生和教育行政人员理解和认识到印度地区文化的多元性，并将这种知识与教育相连接，从而振兴国家教育。

【职责】文化资源和培训中心的努力使印度文化在科技、房地产、农业、体育等领域的发展中发挥着突出作用。

其主要角色与功能：

- 为师生组织以印度艺术文化为基础的理论、主题学术项目；
- 开展研习活动，提供工艺方面的实践培训，并将其纳入学校课程；
- 通过推广服务和社区反馈，向在校师生、政府和非政府组织负责的儿童提供多样化的教育活动，让人们意识到保护自然、文化遗产的必要性；

- 通过收集手稿、图片、音频和影像资料发展图书馆资源，以文化教育促进印度乡村的文化和手工艺的发展；
- 通过出版物和音视频资料帮助人们学习、欣赏印度艺术文化的不同方面；
- 设立寻找文化人才奖学金计划，提供相应文化设施，鼓励10~14岁的有天赋的儿童学习至少一项艺术。

文化资源和培训中心同时也落实文化部其他重要的政策，比如向青年艺术家颁发奖学金，提供不同文化层面的"深度学习/研究"初级和高级研究金，其中包括文化研究的新兴领域。此外，印度文化部提出一项新的计划，即国家文化和遗产管理研究院计划（National Institute of Culture and Heritage Management，NICHM），根据这项计划，文化资源和培训中心开始组织艺术管理的培训项目。中心正在开展的项目还有文化遗产青年领袖项目，其旨在提高印度青年的社会价值和社区参与程度。

（四）国家文化基金

【简介】随着印度政府逐渐认识到创新文化融资模式的重要性，1996年文化部成立了国家文化基金（National Culture Fund，NCF），其旨在在遗产保护和推广领域加强政府作为，推动公共及私营组织机构之间的合作。国家文化基金也帮助有关机构和个人在保护印度丰富的文化遗产上发挥自己的作用。

【职责】国家文化基金过去仅负责为印度文化相关的行动提供必需的行政资源和资金帮助，但现在其业务已经拓展到政府战略之外。

在管理本国文化遗产方面，国家文化基金允许机构和个人成为与政府平等的合作伙伴。除印度固定基金外，国家文化基金还允许其他资源直接进入基金账户，以帮助政府动用更多的预算资源。

所有对国家文化基金的捐助都享有100%免税。对于每一笔捐款，国家文化基金都将负责。捐款可以以印度货币的形式，也可以使用其他可兑换的货币。国家文化基金会为每一个项目开设专项账户。

国家文化基金的管理和监督由一个 24 人的委员会和执委会负责，委员会主席是文化部部长，成员来自企业、私人基金、各艺术形式的专家协会、学校、非营利志愿组织，以此提高决策中非政府力量的参与度。执委会主席是文化部秘书长。通过国家文化基金，任何资助人都可以查到一个项目的具体地址、资助项目方案以及项目的执行方。

国家文化基金与许多顶级的私营机构、国际信托和基金建立了合作。在与公共领域和私营领域企业展开合作后，国家文化基金又与印度考古调查机构在保护、保存遗产方面签署了合作备忘录：

- 阿迦汗基金会和奥拜瑞酒店集团完成了胡马雍陵主墓花园和灯光的翻新项目。
- 由 Apeejay Surrendra Parrk 酒店集团负责新德里简塔曼塔照明、标识和保护工作。

（五）旅游部

近年来，印度政府在全球推广印度文化和旅游，其标志性的推广活动为自 2002 年开始的"不可思议的印度！"（Incredible India!）。该活动旨在将印度打造成一个富有吸引力的旅游胜地，展示印度历史与文化的不同方面。该活动在全球范围内开展，得到了旅游业从业者和各类旅游人群的青睐。

此外，旅游部还通过在海内外开展广泛的媒体活动，使其成为全球最优秀最受欢迎的品牌之一。许多出版商、展会、节日活动的主办方都提出申请，希望可以使用"不可思议的印度！"的活动标识。该活动已经成为印度政府推广印度文化的广告手段，由旅游部的活动和推广部门管理。

2008 年，旅游部推出了另一项计划，即"Atithidevo Bhava"（梵语"顾客即上帝"之意），该计划旨在提高人们对旅游影响的认识，唤起人们对印度丰富遗产和文化的保护意识，转变旅游从业者对游客的态度。这一概念的提出是为了辅助开展"不可思议的印度！"活动。2009 年，"不可思议的印度！"极大地拓展了印度的国内旅游领域。

二　印度文化市场私营参与机构

长期以来，印度都有着官方和个人对印度艺术、音乐、文学、建筑等文化领域进行赞助的传统。印度经济开放后，政府逐渐开始将更多的资源投入其他产业，导致印度文化市场的资金出现短缺，但同时这也给私营机构带来了参与印度文化市场的机会。

由于缺乏政府资金，印度文化机构尝试了各种方式向国际组织和海外的政府机构、私营机构寻求资源。私营机构如福特基金会积极发展印度的艺术资源，为印度的艺术保护和音乐推广发展等提供支持。此外，英国文化教育协会等机构使用自身可用的资源支持印度艺术和文化的创新。然而这些机构的资金总是流向大体量的企业和与外国文化机构的合作项目。

因此，印度文化机构主要向本土的非政府组织、企业和私人寻求赞助来支持它们的活动。塔塔信托和戈德瑞吉基金会等组织以不同方式支持国家级别的文化机构。在微观层面，新德里的 KHOJ 等艺术品收藏机构发展出众筹和独立赞助的模式以支持独立的策展和项目；独立的艺术家和表演团体更多通过互联网寻找赞助者。

（一）本土机构

1. 阿迦汗文化信托

三十余年来，阿迦汗文化信托（Agha Khan Trust for Culture，AKTC）一直通过文化遗产的保存和复兴、文化传统的复兴、教育项目的开展来改善民生。这些项目和活动可以增强人们的互相理解，提高对建筑的欣赏水平，进而影响人们生活、工作和互动的方式。

在新德里、巴马科、开罗等城市，阿迦汗文化信托开展的城市革新项目包括重建城市纪念馆、修复公园、建立新的绿色空间。其向数百万的城市居民提供绿色空间，并帮助一蹶不振的社区重建。项目的两大重点是：公园/花园，博物馆。通过现有的 10 个公园/花园项目，阿迦汗文化信托展示了在适当的条件下，公园/花园的建设可以成为经济增长来源，直接或间接地促进社会发展如本地就业、创业和文化发展。目前，阿迦汗文化信托正在新德里胡马雍陵入口处建立博物馆。

2. 亚洲协会

亚洲协会（Asiatic Society）始建于1784年，1952年更名并沿用至今。其工作主要涉及"人为天成"的内容。协会近期的目标包括开展"促进研究"活动，收集印度文化和文明研究的手稿和资源。

这一拥有二百多年历史的机构被包括印度博物馆和印度国家科学院在内的诸多机构称为"文化鼻祖"，它是印度所有研究和许多机构发展的顶峰，由亚洲协会委员会自行管理。委员会成员是来自不同学术和行政领域的专家，由协会成员选举担任。协会组织展览、国家论坛，发行作品，维护博物馆并推广研究活动，其目标是发展印度特别是孟加拉邦的文化教育。

3. 戈德瑞吉印度文化实验室

鉴于印度文化机构所面临的种种挑战，企业加大了对印度艺术文化的支持力度。企业拥有大面积的可用土地、融资方面的法律和技术专家、大量企业社会责任基金、市场和活动方面的专家，这些条件汇集起来使企业成为经济快速变化下理想的文化赞助者。其中，戈德瑞吉印度文化实验室（Godrej India Culture Lab）建于2011年，目标是建立印度文化领域的智慧港。

实验室的理念是"文化无处不在"。实验室与学术界、创意产业界和非营利性组织及个人进行合作，组织多层次研讨、演艺和研究活动，将不同的想法相互融合，引发人们围绕现代性进行讨论。讨论免费向所有人开放，其中一些主题包括重新想象城市空间的使用、性别和性取向的讨论、数字时代的各种影响等。实验室举行的活动有维克拉姆·塞斯的小型沙龙，也有大礼堂内的女性电影节，甚至有更大规模的艺术活动，如"维克罗利皮肤"和在旧工厂里面举行的"回忆博物馆"活动。

4. 印度中国经济文化促进会

印度中国经济文化促进会（India China Economic and Cultural Council，ICEC）成立于2003年，以自主会员为基础，宗旨是加强印度和中国的经济和文化合作。ICEC是一家领先的非营利性组织，在两国经济文化合作方面颇有建树，向印度的中央政府和邦政府提供前沿的政策研究和建议，关注其与中国的贸易问题。

ICEC 是推动印中双方贸易和投资的重要机构。过去，其通过向印度政府、企业、非政府机构和中国驻印度大使馆提供咨询和建议服务协助印度与中国建立伙伴关系。ICEC 在两国都有良好的基础，在新德里、班加罗尔、艾哈迈达巴德、孟买和广州、深圳及北京设立办事处并开展业务。印度办公室定期会派遣代表团赴华参加贸易和经济峰会，同时欢迎中国代表团来印参会，双方的交流对两国的政治经济发展具有重要意义。此外，ICEC 也会在印度组织中国杂技表演和中国节日庆祝活动。

5. 塔塔信托

塔塔信托（Tata Trusts）是印度的一家老牌慈善机构。自成立起，塔塔信托一直是行业的引领者，其不断改变传统公益的想法和做法真正改变了各个社区。信托一直支持印度在艺术、工艺和文化、健康和营养、水和卫生、能源、教育、乡村生活、自然资源管理、城市扶贫、市民社会和管理、媒体以及多样化就业方面的发展，并推动其在各方面进行创新。

塔塔信托和有能力的个人、印度政府机构、国际机构以及志同道合的私营组织展开合作，通过资助、直接执行和伙伴协议的方式使其所在的项目领域形成自动运行的机制。在印度众多基金会中，塔塔信托在艺术、工艺和文化方面的投资是最多的。信托提出了一些计划保障手工艺人的生计，通过修复博物馆项目保护文化，并通过开展项目保障表演艺术的可持续发展。信托还在孟买建立了国家表演艺术中心，帮助艺术家开展艺术教育，支持剧院艺术家创建论坛。其与印度艺术基金会（India Foundation for the Arts，IFA）合作成立了剧院基础设施部门（Theatre Infrastructure Cell，TIC），这一做法作为支持剧院基础设施建设的范例得到推广传播。

6. 印度艺术基金会

印度艺术基金会（IFA）是一家非营利性的独立资助机构，支持全印度艺术文化的研究、实践和教育。其于 1993 年建立，当时为一家公共慈善信托机构，1995 年开始进行资助业务。基金会认为艺术文化对个人和社区的生活至关重要，其目标是建立一个更加平等和公平的世界。作为艺术文化发展的推动者，基金会支持开展调查、探索和实验活动，以进一步发展相关知识，提高操作能力，推动知识和实践的边界不断拓宽。

基金会为印度的慈善和文化项目提供资金支持。目前，其已支持超过600个项目，支持金额超过2.665亿印度卢比（约354万美元）。其项目成果（包括书籍、电影、表演、展品和档案资料等）已经在公共领域面世，面世形式包含展览、介绍会、研讨会、放映会、讲座和设立节日，以鼓励大众更广泛地参与艺术。基金会总部位于班加罗尔，主要关注艺术领域，支持表演艺术的实践、研究和教育。基金会主要通过四大项目进行资助，即艺术研究、艺术实践、艺术教育和档案及博物馆研究，特别支持使用印地语而非英语的研究。其下设的一些教育基金为个人进行学习、研究和海外培训提供奖学金，表演艺术家和剧作家都可申请。

7. 保罗基金会

保罗基金会（Paul Foundation）由Apeejay Surrendra集团于2001年设立，其主要业务之一就是提供保罗基金会奖学金，这一业务为想要在印度国内外进修以提高学术水平的青年学者提供了巨大的机遇。与此同时，保罗基金会还会向在某一领域有能力的本国人提供奖学金，帮助他们发掘潜力，提升其领导力。因此，该奖学金旨在帮助有能力有学识的优秀学者进行创新性及启发性的研究，并在文化研究或表演艺术领域施展其才华。

8. 印拉克基金会

印拉克基金会（The Inlaks Foundation）由施夫达萨尼于1976年创立，旨在整合其慈善活动，并为活动的发展提供一个永久、独立的主体机构，基金会后改名为印拉克施夫达萨尼基金会，致力于为各领域杰出的印度青年提供奖学金、资助及奖励，以帮助他们在印度国内外发展专业的科学、艺术和文化能力。基金会以其广泛的覆盖范围自许，其资助的领域已经远远超出其他基金会的资助范围。

过去40多年，超过460名学者受益于基金会的海外奖学金，另有456名学者获得了奖励和资助。过去几十年，印度文化在全球繁荣发展，但其对艺术领域的年轻艺术家的经济支持有限，有鉴于此，2012年艺术奖得以改进，作为奖励的一部分，奖项还为部分年轻的新秀艺术家提供艺术家驻留项目。

（二）海外机构

1. 英国文化教育协会

英国文化教育协会（British Council）是英国提供教育机会、改善文化关系的国际机构。协会向全印度超过 10 万名会员提供一系列专门的艺术、教育、英文和有关英国社会的项目。

协会在印度开设了 9 个图书馆和文化中心，并形成网络联结。在表演艺术领域，协会在英印两国的艺术家、制作人、艺术节负责人、场馆负责人、策展人和导演之间建立了紧密的联系。他们会共同策划和制作许多项目，如剧院演出、舞蹈、音乐、视觉艺术、博物馆、文学、设计、电影以及其他跨领域的创意产业项目。

2. 马克斯·穆勒·巴万机构（德国政府支持）

马克斯·穆勒·巴万机构（Goethe-Institut / Max Mueller Bhavan New Delhi）在新德里和其他印度北部城市组织和推广众多文化活动，在印度推广德国的文化特别是当代文化。

该机构与印度伙伴机构合作开展艺术项目，项目包括系列电影、展览、音乐会、研讨会和艺术节，旨在促进艺术创作及创新，两国的演员都会参与其中。近期的项目包括剧院戏剧表演、科幻电影节、跨文化艺术工作坊、舞蹈表演和音乐会，该机构将会在印度不同地区开展相应的活动。

3. 瑞士 Pro Helvetia 基金会

瑞士 Pro Helvetia 基金会也称瑞士艺术委员会，负责推动瑞士和南亚的艺术和文化交流。为了在全世界提高人们对瑞士文化的认识，基金会与当地的活动组织方建立长期的伙伴关系，与有关地区的艺术家共同制作作品，开展艺术家驻留项目。

基金会项目涉及文学、现代舞、视觉艺术、表演艺术和音乐等领域。基金会还关注旅游项目，参加艺术节，在印度展览两国艺术家的作品及驻留项目的成果。基金会向参加视觉艺术、音乐、文化、剧院、舞蹈和驻留项目的印度机构和个人提供资金和支持。

4. 日本国际交流基金会

日本国际交流基金会（The Japan Foundation）是日本唯一一家在全球开展全面文化交流项目的机构，旨在加强日本公民与他国人民之间的交流沟通。基金会多样的活动和信息服务为国家间的文化交流创造了机会。

日本国际交流基金会新德里办公室于 1994 年成立，后全面开展基金会项目。为加强日本与印度之间的关系，基金会通过文化、语言教育和对话项目增进双方的友谊、互信和互谅。其三大工作重点为艺术和文化交流、语言教育、学生和学术交流。办公室下设三个与之对应的主要部门。此外，基金会积极推动印度表演艺术的国家化，向印度艺术家提供资金到日本游学、开展研究，和日本艺术家共同参与艺术创作。

5. 荷兰 Hivos 机构

与发展中国家合作的人道主义机构（Hivos）是一家荷兰的非政府组织，成立于 1968 年。其目标是在经济和政治上支持与 Hivos 志同道合的组织和计划，为全球共同发展创造平等的机会。

除资助外，机构还参与国际上的联络、游说和知识分享活动。Hivos 的一项活动是参与和支持一些特别的计划，如南北计划、Hivos 文化基金和"面向所有人"项目。南北计划是 Hivos 和荷兰特里多斯（Triodos）银行共同开展的项目，目的是使银行存款转化为对发展中国家的借款。Hivos 文化基金支持文化和艺术领域的活动，其向文化和表演艺术的机构提供经济支持，在印度广泛开展推广项目，向一些组织提供资金帮助他们开展活动以实现组织和 Hivos 的发展目标。Hivos 提供快速、长期、灵活的资助，愿意承担组织的核心费用，也愿意承担风险资助新项目。"面向所有人"项目是 Hivos 的另一大项目，旨在推广信息和通信技术的普遍应用。

三 各文化行业组织及监管机构

（一）电影行业

印度电影行业受印度信息和广播部的电影部门管理。信息和广播部是政府在影视领域面向大众的重要代表，其负责通过不同的大众传媒渠道传播政府政策、计划、项目的相关信息，同时还负责私营广播领域相关的政策事务，管理公共广播服务、多媒体广告、政府政策项目的宣传工作，进行电影审核及推广，管理传统媒体。

电影部门负责审核公映电影、进口剧院和非剧院播放的电影、出口印度电影、进口未上映的影片、进口电影行业所需的各种设备等与电影行业有关的所有事务。进行与电影行业有关的发展和推广活动，通过国家机构推广好的影院，奖励本土电影，通过国家电影开发公司的协助生产、发布纪录片和新闻片，在海内外公映电影，保存电影和电影物料，组织本土国际电影节，参加海外电影节，在文化交流项目下组织电影节等。电影部门不仅管理纪录片、短片和动画片的制作，组织孟买国际纪录片节，还建立了印度国家电影博物馆。

电影部门下设的其他机构具体如下。

- 电影认证中心小组
- 电影节董事会
- 印度国家电影档案
- 电影认证仲裁法庭
- 印度儿童电影协会

（二）电视行业

印度的电视行业由信息和广播部的广播部门管理。广播厅（BC厅）负责监管私人卫星电视频道、有线电视网络广播和转播的节目和广告代码、私人调频广播频道和社区广播电台。政府推行的各种政策指导方针要求每家广播公司都必须遵守法律规定的节目和广告准则。

为了规范私人卫星电视频道的内容，政府成立了一个以信息和广播部为首的部际委员会。政府还设立了电子媒体监测中心（Electronic Media Monitoring Centre，EMMC），以监测和记录卫星电视频道违反节目和广告代码的情况。

此外，印度政府还设立自我监管机制，对违反内容的情况进行监控；公众也可以向以下机构投诉：

- 新闻广播协会（NBA）设立了新闻广播标准管理局（NBSA），其负责对新闻频道的投诉。
- 印度广播基金会设立广播内容投诉委员会（BCCC），其负责对非新闻和娱乐频道的投诉。
- 印度广告标准委员会（ASCI）负责对广告的投诉。

（三）表演艺术行业

文化部负责保存和保护国家的文化遗产，推广有形和无形的各种形式的艺术和文化，还负责培养基层文化意识，促进国际文化交流。此外，文化部还成立了独立的机构，以支持印度的表演艺术行业。

1. 国家音乐、舞蹈和戏剧学院

国家音乐、舞蹈和戏剧学院向艺术家提供奖学金、游学和研究补助金，向表演艺术团体提供工资和制作补助金，组织地区和全国性的节日活动和演出，以促进年轻人才的发展，支持地区性语言的剧作家。

2. 印度文化关系委员会

印度文化关系委员会（ICCR）支持印度艺术家在各种国际节日演出，也支持外国艺术家在印度演出。印度文化关系委员会还为来自其他国家的学生提供奖学金和助学金，以便其在印度学习表演艺术。

3. 区域文化中心

中央政府还设立了7个区域文化中心（ZCCs），其在各自的区域内推广表演艺术。区域文化中心旨在唤起和加深人们对当地文化的认识，并使得这些文化融合成为地区的文化认同，最终形成印度丰富多样的复合文化。这些中心已经成为全国文化保存、推广和传播领域的重要机构。除了促进表演艺术发展，它们还在文学和视觉艺术的相关领域做出了重要贡献。各邦根据文化联系参与多个文化中心，这对一些正在消失的艺术形式来说具有特殊意义。中心也致力于保护和推广民间、部族艺术，促进剧院和手工艺博览会的复兴。

（四）印刷行业

印刷行业由信息和广播部的信息部门管理。信息部门负责管理印度核心的信息服务业（IIS）、新闻和印刷媒体的政策事务、政府的宣传、内部的行政管理以及与下属媒体单位有关的事务。信息部门还通过其管理的媒体单位传播印度政府的各种倡议、方案和计划。负责印刷行业监管的主要机构如下。

1. 印度新闻委员会

印度新闻委员会（Press Council of India）是议会授权的一个独立机构，其主要目标是维护新闻自由，维持和提高印度报纸和新闻机构的标准，行使准司法职能，审查对有关新闻机构和记者的投诉。委员会的经费包括按报纸发行量从各报社收取的费用、中央政府提供的其他资金和补助。委员会通过对其收到的投诉案件进行裁决来履行其职能，这些投诉案件主要针对新闻道德的违反或者针对新闻自由的干涉。委员会可以告诫、警告、谴责或不批准新闻机构或个别记者的行为。委员会也有权就任何当局（包括政府）干涉新闻自由的行为发表其认为适当的意见。

2. 新闻信息局

新闻信息局（Press Information Bureau，PIB）是印度政府的重要机构，其向印刷、电子和社交媒体传达有关政府政策、方案、倡议的信息。它采用不同的方式传播信息，如发布新闻稿、专题文章、背景资料、新闻简报，组织采访、新闻发布会、记者参观等。新闻信息局还使用Twitter、Facebook、Instagram等社交媒体平台来传播信息，这些信息会用英语、印地语、乌尔都语发布，随后会翻译成其他印度语言，以便全国的媒体进行报道。新闻信息局设有新闻室、新闻监测室，这两个部门全年运作以满足信息传播的需要。它还向媒体人员提供认证，以方便其从政府获取信息。新闻信息局下属的图片部门会对印度政府活动进行摄影报道，提供视觉支持。新闻信息局作为政府和媒体之间的接口，为政府提供最适合媒体需求的沟通策略建议，并使政府通过公众对媒体的反映了解其对政府政策和计划的看法。

3. 发行部门

发行部门（Publications Division）是一个收藏书籍和期刊的仓库，发行部门的成立凸显了印度文化遗产的丰富。该部门的任务是保护国家遗产，并以合理的价格生产和销售高质量的阅读材料，进行内容的传播，内容以印地语、英语和其他地区性语言出版，在全国范围内销售。该部门是甘地文学的主要出版商之一，在其享有盛誉的100卷系列丛书《甘地文集》中保留了甘地所有的文字。发行部门还出版有关印度经济发展、农村发展、文化、儿童文学和就业的各种刊物。

4. 印度报业登记处

印度报业登记处（Office of the Registrar of Newspapers for India，RNI）是信息和广播部的附属部门，在其法定职能范围内，为全国范围内出版的报纸及其他出版物登记，向报纸及其他出版物颁发登记证书。该部门每年还向信息和广播部提交一份题为"印度新闻"的报告，报告主要关于印度媒体的现状。除法定职能外，印度报业登记处可以对在其处注册的实际用户进行认证，用户凭借认证进口外国媒体内容、引进印刷设备。印度报业登记处还对注册出版物进行流通验证，其目的是为广告视觉宣传局进行推广。

5. 国家书籍信托

国家书籍信托（National Book Trust，NBT）是印度政府在1957年成立的一个机构。国家书籍信托的目标是鼓励创作英语、印地语和其他印度语言的文学作品，以合理的价格向公众提供此类文学作品，出版图书目录，安排图书展览会和研讨会，以及采取一切必要措施鼓励人们进行阅读。

为了实现上述目标，国家书籍信托被授权出版印度古典文学、印度作家的优秀作品及其他印度语言的译著、外文名著的译著和流行的优秀现代书籍。国家书籍信托的主要活动包括出版非教材类书籍，组织书展，举办文学活动、儿童活动，在全国范围内进行出版培训，参加国际书展以宣传印度文学，向非政府组织、作家或出版商团体提供经济支持以组织各种图书宣传活动，鼓励人们进行阅读。

（五）动画、视觉特效和游戏行业

动画、视觉特效和游戏行业由信息和广播部负责管理。作为一个在后数字化时代诞生的行业,政府在监管动画市场方面并没有费力。然而,最近信息和广播部做出了一个具有里程碑意义的决定,即建立一个专门的产业增长中心。

鉴于动画、视觉特效、游戏和漫画(Animation, Visual Effects, Gaming & Comics, AVGC)行业的稳步增长,信息和广播部在印度大众传播研究所(Indian Institute of Mass Communication, IIMC)下建立国家卓越中心(National Centre of Excellence, NCoE),为毕业生/劳动者提供相关服务。

该中心将作为该行业的智囊团,指导该行业的发展政策,制定印度AVGC教育标准,积极开展与国际AVGC行业研究所的合作,并确定该行业的全球发展定位。NCoE将专注于应对以下问题及挑战:

- 对印度动画、视觉特效和游戏行业的知识产权关注有限;
- 缺乏有关AVGC领域的教育机构;
- 现有的教育机构以培训机构为主,其中大部分缺乏课程资源(基础设施、教学资源等),毕业生技能水平不高;
- 在正规教育的人才供应不足的情况下,行业利益相关者表示,如何寻找高技能专业人员是维持行业稳步发展的一个重大挑战。

(六)手工艺品行业

纺织部管理印度的手工艺品行业。它通过以下一些机构管理和促进行业的发展。

1. 发展委员会(手工艺品)

发展委员会(手工艺品)(Development Commissioner for Handicraft)是印度政府设立的管理工艺和工匠活动的重点机构。它有助于手工艺品的开发、营销和出口,以及工艺形式和技能的推广。该机构会提供相关技术和财政支持,通过其外地办事处对手工艺品行业进行示意性干预。

2. 手工艺品出口促进委员会

手工艺品出口促进委员会(Export Promotion Council for Handicrafts, EPCH)是纺织部支持的一个非营利性独立机构。它是一个旨在促进印度手工艺品出口的尖端机构，确保在遵守国际标准和规范的情况下采取各种措施，将印度作为高质量手工艺品和相关服务的可靠供应商推广到海外。委员会已经推动建立必要的基础设施以及营销推广设施，为手工艺品出口商和进口商提供便利。

3. 全印度手工艺品委员会

全印度手工艺品委员会（All India Handicrafts Board）是一个由纺织部部长担任主席的咨询机构。它在制定手工业部门的总体发展方案时，向政府提供建议，建议包括社会、经济、文化和艺术多方面的观点。

4. 新德里国家手工艺品和手工织布博物馆

这是一个30年前由纺织部设立的机构，旨在保护、恢复和保存手工艺品文化。博物馆的村落建筑群由15个建筑组成，这15个建筑代表了分布在5英亩（1英亩约为6.07亩）土地上的不同邦的村庄住宅、庭院和神龛。博物馆收藏了大约20000件最稀有和独特的收藏品，体现了印度工匠的传统文化。

（七）纺织行业

纺织部负责纺织行业的政策制定、规划、发展、出口和贸易监管，涉及领域包括所有用于制造纺织品、服装和手工艺品的天然和人造纤维。该部门下设手工织布机和手工艺品发展委员会、纺织委员会、纺织品委员会和黄麻委员会。该部的目标是建立最先进的生产线，在包括技术纺织品、黄麻、丝绸、棉花和羊毛在内的所有类型纺织品的制造和出口方面取得卓越的全球地位，并发展一个充满活力的纺织行业，以保持和促进可持续的经济发展。一些负责该行业的政府机构如下。

1. 发展委员会（手工织布机）

发展委员会（手工织布机）（Development Commissioner for Handlooms）是纺织部下属的一个非参与性办事处。委员会下设的勒克瑙国家手工织布机发展公司（NHDC）通过纱线、染料、化学品的采购和分销以及手工织布的销售为纺织行业发展提供支持。委员会得到了织布工服务中心（Weavers' Service Centres，WSCs）的协助，这些服务中心在技术升级、能力建设和传播技术干预方面发挥着关键作用，以减轻织布工的负担和提高生产率，从而提高织布工的收入。WSCs不仅为织布工提供设计师设计的织布图案，还为其安排先织、织造、后织等专业的织布工培训，如缠绕、整经、上浆染色、多臂提花气动织造、设计制作（CAD）、染色等培训。WSCs还赞助织布工参加各种贸易博览会，帮助他们建立直接的市场合作。发展委员会（手工织布机）还监督手工织布机的实施、生产和预订流程。

2. 纺织委员会

纺织委员会（Office of the Textile Commissioner，TXC）总部设在孟买，在阿姆利则、诺伊达、印多尔、加尔各答、班加罗尔、哥印拜陀、新孟买和艾哈迈达巴德分别设有区域办事处。纺织委员会主要进行技术经济调查，并就纺织业的总体经济健康状况向政府提出相应的政策建议，因此在纺织部中主要充当技术顾问的角色。纺织委员会的活动以规划纺织和服装业各环节的平行发展为中心开展。全国有46个动力织机服务中心（Powerloom Service Centre，PSC），其中15个动力织机服务中心在纺织委员会的行政管控下运作。这些服务中心为纺织和服装行业提供熟练劳动力，为分散的动力织机行业相关部门提供技术咨询/服务。纺织委员会还负责协调和指导其余31个由各纺织研究协会和相关国家政府机构运营的动力织机服务中心。此外，该委员会还负责执行和监督各种发展和推广计划，计划涉及技术纺织品的发展和推广、动力织机行业的综合发展和纺织工人康复基金（Textiles Workers' Rehabilitation Fund Scheme，TWRFS）等。

3. 黄麻委员会

黄麻委员会（Office of the Jute Commissioner，JC）的职能和活动涉及：就黄麻业的政策制定（包括机械开发）向纺织部提供技术咨询；通过纺织部黄麻相关机构如国家黄麻委员会（National Jute Board，NJB），进行相应的开发活动，特别是推广分散行业中的黄麻工艺品和黄麻手工织布机，提升该行业的创业技能，推广相关研究机构的黄麻产业研发方案；监测黄麻和黄麻原料的价格行为，实施最低支持价格（Minimum Support Price，MSP）操作；市场推广，特别是开拓黄麻产品的海内外市场。委员会也在努力促进黄麻种植区和非黄麻种植邦开展黄麻相关活动。委员会还定期向纺织部反映黄麻行业的问题和状况。

4. 纺织部下属的法定机构

为了监测不同类型纺织品的贸易和市场，该部还设立了一些相关法定机构，分别为国家黄麻局（National Jute Board）、中央丝绸局（Central Silk Board，CSB）、纺织品委员会（Textiles Committee）、支付委员会（Commissioner of Payments）。国家黄麻局的职责包括鼓励、协助原黄麻加工、分级和包装技术的研究；保持和改善黄麻制品的现有市场并开发国内外新市场，并根据国内外市场对黄麻制品的需求制定营销策略；开展调查和研究，收集和编制有关原黄麻和黄麻产品的统计数据等。中央丝绸局被委托全权负责发展丝绸业，负责全国范围的养蚕活动，制定丝绸进出口政策。纺织品委员会的职能包括促进纺织品质量提升、纺织品出口、技术和经济领域的研究，制定纺织品和纺织机械标准，建立实验室以及在全国各地收集数据。

（八）文化旅游行业

旅游部是制定国家旅游政策和方案以及协调印度中央政府各机构、各邦政府及相关私营部门活动，从而推动印度旅游业发展的重点机构。它在协调和补充邦/中央政府工作、促进私人投资、加强宣传营销工作以及提供训练有素的人力资源等方面发挥着至关重要的作用。该部在国内设有20个办事处，在国外设有8个办事处，并设有1个次级办事处/项目。海外办事处主要负责各自所在地区的旅游推广和营销工作，印度国内办事处负责向游客提供信息服务，并监督各地方旅游相关项目的进展。① 旅游部相关下属机构在文化旅游方面发挥着重要作用。

1. 国际合作司

国际合作司（International Cooperation Division）是旅游部的重要部门之一，与联合国世界旅游组织（UNWTO）、联合国亚洲及太平洋经济社会

---

① "About the Ministry", Ministry of Tourism, Government of India, https://tourism.gov.in/about-us/about-ministry，最后访问日期：2021年7月21日。

委员会（ESCAP）、环孟加拉湾多领域经济技术合作倡议（BIMSTEC）、湄公河—恒河合作倡议（MGC）、东南亚国家联盟（ASEAN）、南亚区域合作联盟（SAARC）和南亚次区域经济合作组织（SASEC）等组织机制进行各种磋商和谈判。该司会与其他国家就签署旅游领域双边/多边合作协定/谅解备忘录（Memorandum of Understanding，MOU）进行磋商和谈判，组织开展与其他国家的联合工作组会议，并与商务部、文化部等协调参与联合委员会会议，推动旅游业的发展。

2. 海外市场司

印度旅游部通过其8个海外办事处，致力于在不同海外地区市场中将印度打造为游客首选旅游目的地，并推广各种印度旅游产品，以提高印度旅游业在全球旅游市场中的份额。

海外市场司（Overseas Marketing Division）通过综合营销和推广战略以及与旅游业机构、邦政府和印度特派团联合开展的协同活动来实现其国际化的战略目标。海外宣传工作的具体内容包括制作线下实体和电子媒体的广告，参加节庆展会，组织研讨会、路演及晚会活动，印刷宣传册和制作其他宣传品，与旅行社或其他旅游机构联合制作广告，邀约媒体，推进旅游贸易，同时根据接待计划等进行海外访问。

3. 活动和推广司

作为市场营销和宣传活动的一部分，旅游部活动和推广司（Events and Publicity Division）基于产品和地点的可行性，推出了各种主题的小册子、传单、地图、电影、CD等，详细介绍印度元素。其在对旅游地的宣传材料中还会提供该地点的有关信息，包括可用设施的各方面信息、周边观光信息和官方机构的重要联系点。其也制作发布多种旅游主题的宣传影视作品，这些作品宣传了印度相应的旅游目的地。除此以外，活动和推广司还负责所有与海报、宣传册、横幅等印刷品及广告发布（实体及电子）有关的事宜，组织活动以及升级信息技术。

4. 印度旅游发展公司

印度旅游发展公司（India Tourism Development Corporation，ITDC）成立于1966年，是印度旅游业逐步发展和文化推广的重要动力引擎。除了提供相应的交通工具外，公司还在不同的地方经营酒店、餐厅。此外，其还从事旅游宣传资料的制作、发行和销售，为游客提供娱乐和免税购物的服务。公司实施多元化发展战略，开辟了新的渠道并提供创新服务，如多货币兑换（Full-Fledged Money Changer，FFMC）服务、工程相关咨询服务等。公司旗下的 Ashok 酒店和旅游管理学院（The Ashok Institute of Hospitality & Tourism Management）在旅游和酒店领域提供培训和教育。

（九）文化教育行业

人力资源开发部（The Ministry of Human Resource Development），前身为教育部，负责印度人力资源的开发。该部分为两个部门：学校教育和扫盲部门，负责初级、中级和高级教育，成人教育和扫盲；高等教育部，负责大学教育、技术教育、颁发奖学金等。

印度各级政府文化教育倡议包括如下两项。

1. 教育交流计划

印度已通过谅解备忘录（MOU）或联合声明与 51 个国家达成教育交流计划（Educational Exchange Programme，EEP）。与印度建立双边关系的国家中，除一些西方国家之外，最重要的国家是中国。在中国，印度研究中心于 2003 年在北京大学成立。深圳大学、暨南大学和复旦大学也设立了印度研究所。[①] 印度的各个私立大学也与外国大学建立联系，如建立文化中心以重点研究不同国家的文化教育，促进学生交流。

教育交流计划通过以下几项举措进行合作：

- 学者、学生、研究人员的交流；
- 信息共享；
- 组织联合研讨、学习和会议；
- 资质互认；

[①] "The Cultural Exchange Programs between India and other countries"，联合国教科文组织（UNESCO），Diversity of Cultural Expressions，https://en.unesco.org/creativity/policy-monitoring-platform/cultural-exchange-programs，最后访问日期：2019 年 11 月 17 日。

● 建立机构间的合作关系。

印度还与不同的国际组织和多边机构如联合国教科文组织（UNESCO）、英联邦学习共同体（Commonwealth of Learning）、金砖国家（BRICS）、南亚区域合作联盟（SAARC）、印度—巴西—南非（India, Brazil and South Africa, IBSA）对话论坛、东亚峰会（East Asia Summit，EAS）、东南亚国家联盟（ASEAN）进行教育合作。

2. Rashtriya Madhyamik Shiksha Abhiyan（RMSA）

在学校教育领域，文化教育相关部门发起的一项主要计划是 Rashtriya Madhyamik Shiksha Abhiyan（以下简称 RMSA），这是印度政府人力资源开发部的主要赞助计划，目标是在整个印度的公立学校中发展中等教育。该计划从 2009 年开始实施，创造必要的条件以实现所有人的有效成长、发展和公平。该计划包括多维研究、技术咨询、多种执行方式和资金支持。RMSA 的目的是使文化/遗产教育成为整个学习过程的一个部分，目前这个目的已经在学校、街区和地区层面实现。在学校系统中，该计划的开展以教师和学生为导向。由于教师对课堂有巨大的影响，该计划对教师是特别有针对性的。2011~2012 年 RMSA 工作计划和预算中批准的针对文化和遗产教育的干预措施如下。

（1）邦内外游学：该计划旨在为学生提供了解他们所在邦和其他邦的历史、地理及文化的机会。

（2）学校、街区和地区的艺术/文化营：艺术/文化营旨在让学生在愉快的环境中学习艺术和文化，并通过演出的形式为学生提供发挥创造力的机会；培养学生的批判性分析思维能力，帮助学生解决问题以及应对长大后所面临的挑战；通过开展文化学习，帮助其学会通过不同视角看待世界。

（3）遗产与文化教育领域的教师培训：其主要目标是把教育与文化联系起来，培养并提升教师的文化重要性意识，最重要的措施之一是为教师提供文化和遗产教育的在职培训。培训包含对印度艺术和文化中哲学及美学的理解和欣赏能力的培养，并着重培养教师在课程教学时融入文化教育的能力。

（4）人类价值观的教育：政府设计了一个以基金为基础的方案，为相关项目提供财政支持。财政支持可资助项目花销的100%，上限为一百万卢比，由助学金委员会批准，以加强与价值观教育有关的活动。同时，政府向相关注册机构提供资助，以研发教学和学习材料以及视听器材，举办教师培训、会议、讲习班、家长/社区/学生/教师座谈会、创意活动、学童剧院活动，设立博物馆教育角等，从而推广普遍的价值观如真理、和平、爱、正义、非暴力理念和《印度宪法》中所蕴含的价值观等。

（十）博物馆和美术馆

文化部负责维护、管理和推广印度博物馆和美术馆。该部通过它的下属机构，负责博物馆和美术馆的相关管理工作。其下属相关机构如下。

1. 国家文化遗产保护研究所

国家文化遗产保护研究所（National Research Laboratory for Conservation of Cultural Property，NRLC）是研究文化遗产保护的主要组织，其研究对象包括纪念碑和遗址、博物馆、图书馆及档案收藏。NRLC通过科学研究、教育和培训、实时实地项目、相关合作以及通过期刊、会议、研讨会、出版物传播信息来实现其战略目标。该研究所拥有充足的基础设施和实验室以进行材料分析和测试，研发可持续发展的保护方案。NRLC通过对文化遗产材料成分和艺术制作技术的研究，开发减缓老化和防止进一步破坏的保护方法，设计文化遗产保护方案并评估其保护效果。NRLC在国内外同行评议期刊上已发表了约200篇研究论文。

2. 新德里国家博物馆

新德里国家博物馆（National Museum，New Delhi）成立于1949年，负责收藏具有历史、文化和艺术价值的艺术品，通过其实验室（conservation laboratory）进行艺术品的展示、维护、保存和研究。其旨在传播这些艺术品在历史、文化和艺术等方面的知识。博物馆作为艺术和文化中心，是印度民族文化认同的缩影。该博物馆目前拥有约二十万件来自印度国内外的藏品，涵盖了超过五千年时间跨度的印度文化遗产。

国家博物馆一直渴望打造一个高度互动的空间，以满足观众的多样化需求。为了使年轻观众对历史和艺术产生兴趣，国家博物馆已经着手开展各种教育项目，这些项目为年轻群体提供了更加深入了解博物馆的绝佳机会。

3. 国家艺术学院

国家艺术学院（Lalit Kala Akademi / National Academy of Art）由印度政府于 1954 年成立。它是印度视觉艺术领域的顶尖文化实体，是一个完全由文化部资助的机构。同时，它还是一个独立的组织，参与制定各项涉及印度海内外展览及活动的决策，并通过奖学金和赠款向艺术家和艺术团体提供资金支持。国家艺术学院见证了印度现当代艺术的生命力、多样性和发展模式的变迁。艺术学院支持和促进艺术研究和创作，为专业人员的创作和学习提供便利和资助，发掘和培养人才，参与国际艺术交流，定期举办展览。在为新兴艺术家提供更多机会的同时培养民众的艺术欣赏能力，促进观众与艺术文化的接触。

4. 国家现代艺术美术馆

国家现代艺术美术馆（National Gallery of Modern Art，NGMA）于 1954 年在印度新德里成立。自成立起，美术馆逐渐将其业务扩大到孟买和班加罗尔。画廊的主要目标包括：采购和保存 19 世纪 50 年代后的现代艺术作品；开发和维护美术馆以帮助艺术作品展示；在国内和海外举办特定的展览；建立教育和文献中心；维护、保存与现代艺术作品、图书、期刊、照片和其他专业图书馆视听资料等有关的文件，并组织讲座、研讨会等活动，鼓励学者在艺术领域进行更高层次的研究。

第三章
文化市场政策

一 印度促进文化产业发展的举措

（一）政府对文化产业发展的引导扶持

印度政府历来对文化产业的发展十分重视。《印度宪法》中有专门的保护民族文化、促进文化发展的内容，政府制定的五年计划也对文化的重要性予以充分肯定并制定了相应的发展计划。印度国家计划委员会编写的第九个五年计划中就有关于印度文化产业发展的相关内容，印度从中央到地方政府中的文化部门每年都可以得到发展文化产业的经费支持。

印度政府对文化产业十分扶持，除了提供良好的政策发展环境，在发挥其职能方面更多采取引导、激励的方式，而非直接干预或控制。例如，在经济危机时期，印度政府刺激文化产业发展的措施主要有如下三项。

其一，增加政府广告支出。为各级政府提供广告服务的印度广告和视觉公关局曾宣布，在特殊时期将支付给各媒体的广告费提高10%，同时放弃15%的佣金。早在2008年10月，印度政府已宣布将广告支出费用提高24%。

其二，对新闻出版业采取免除新闻用纸的进口关税等激励措施。

其三，采取有效措施吸引动漫和游戏人才。

（二）政府鼓励文化领域市场经济发展

印度文化产业是按照市场规律发展起来的，印度政府通过提供相应的优惠政策鼓励国内私人企业和财团投资文化产业，这一系列扶持政策都取得了良好的效果。1991年，印度拉奥政府大胆引入市场经济机制，实行"自由化、市场化、全球化、私有化"的新经济政策。这一改革使有线电视、无线通信、互联网很快进入印度，并为印度社会的发展带来了生机和活力。

印度国家电视政策和管理模式的重大调整，推动民营和境外电视节目不断进入印度电视市场，不仅改变了印度传统传媒业的发展格局，也结束了国家广播电视传媒的市场垄断。印度政府的文化开放政策使得政府电视台、私营电视公司、合资电视公司和境外电视频道和谐共存，造就了印度繁荣的电视市场。

（三）政府高度重视文化产业人才培养

在人力资源培养的经费投入方面，印度的比重始终高于中国。如今印度拥有世界上一流的高等教育体系，在校大学生人数位居世界前列，科技人员的总数仅次于美国，居世界第二位。目前，在美国硅谷和华盛顿地区的信息技术人员中，有40%是印度人或印侨。可见，印度在国内外都有着巨大的人才资源优势。以软件业为例，目前，印度有380所大学的工程学院开设计算机专业，每年可培养12.6万名信息技术人才。

同时，印度在人才培养方面采取了先进的教育理念：首先，以市场为导向，主要采取职业教育培训的形式，学校可以根据市场需求自行决定培养模式和收费标准；其次，淡化证书观念，注重实际技能的掌握和运用，教学中注重工作态度等非智力因素的培训，强调实务教学，学习与实习并重；最后，重视课程开发，课程与实际需求紧密结合，实施全面质量管理。

印度软件业的飞速发展大大得益于其人才政策和培养模式，这一人才政策和培养模式也大大推动了教育培训、动漫游戏、电子出版、互联网、电视传媒等文化产业的发展。

二 印度知识产权保护的规定[①]

印度是世界知识产权组织的成员国，并于1998年12月7日成为《保护工业产权巴黎公约》的成员国。印度涉及保护知识产权和工业产权的法规包括《专利法》《商标法》《设计法》《商品地理标志（注册和保护）法》《著作权法》等。

【专利法】 印度于1970年制定了其独立后的第一部专利法《1970年专利法》，并于1972年实施。印度设有4个专利局，均由专利、外观设计和商标

---

① 《对外投资合作（国别）指南——印度》，商务部"走出去"公共服务平台，http://www.mofcom.gov.cn/dl/gbdqzn/upload/yindu.pdf，最后访问日期：2021年7月21日。

总理事长总体负责。《专利法》在考虑技术发展的同时，关注与知识产权的国际实践的协调，充分保护国家和公众利益，满足《与贸易有关的知识产权协定》（TRIPS）中的印度的国际义务。与产品或工艺相关的有新颖性、创造性、可付诸工业应用的发明在印度可被授予专利，除非《专利法》明确指明该发明不可授予专利。根据印度《1970年专利法》（2005年修订），专利保护期为20年，自提交专利申请之日起算。

【商标法】 1958年印度制定第43号《与贸易及商品有关的商标法》。该法于1959年11月25日正式生效，于1985年进行了修改。此外，与商标有关的法律还包括：1965年4月28日制定的商品原产地指令；中央政府颁布的有关不可注册商标的指令；1950年制定的徽记与名称法案；1952年制定的有关证明商标法案；中央政府颁布的有关印度工业产权政策法规。《1999年商标法》规定，使用者可以使用非注册商标，但在依法注册之前不享有排他使用权。注册商标保护期为10年，期满后可申请延期。

印度自1992年1月30日起废除了关于保护国际驰名商标的禁令。在印度，商标权的产生基于使用，即商标的在先使用人享有商标的专用权。可注册商标的种类包括商品商标、系列商标、联合商标、证明商标和防御商标。服务商标目前尚不能注册。印度是采用本国商品分类的国家，商品分类与国际分类相似。每份商标注册申请只能包括一个类别，如纺织品（包括第22类至第27类商品）就分为15组94项商品，这94项商品上的申请需要分别提交。

【设计法】 印度《2000年设计法》规定，新创或证明原创的工业设计可以获得注册保护，其他使用者在使用已注册的工业设计前必须获得原注册人的许可。如果一项设计已注册为受保护的工业设计，则该项设计不能同时享受《著作权法》的保护。

【商品地理标志（注册和保护）法】 在《商品地理标志（注册和保护）法》颁布之前，因法律保护的缺位，印度地理标志被印度之外的人不当使用，例如标注为印度某地生产的产品实际上产自印度境外。此外，姜黄、印栋和巴斯马蒂米申请专利的事件引起了印度对这方面知识产权的广泛关注。根据《与贸易有关的知识产权协定》，其他国家没有义务提供反向保护，除非某产品在原产国享有法律保护。印度在1999年12月30日颁布了《商品地理标志

（注册和保护）法》，并于 2003 年 9 月 15 日正式生效。该法的意义就是给予地理标志以立法保护，防范未经许可的使用行为，并以此促进特定地理区域产品的出口和经济的繁荣。

【著作权法】为适应社会发展，印度《著作权法》经过多次修改。根据《著作权法》，作者的权利期为其终生及其死亡后 60 年。《著作权法》给不同作品分类，因文学作品、美术作品、音乐作品及电影作品等的类别不同而提供不同的保护。修改后的 1957 年《著作权法》在"文学作品"定义下增加了计算机编程以应对计算机编程著作权侵权的特殊性。《著作权法》经过 1999 年的进一步修改，关注图书领域、音乐领域、影视领域、计算机领域和数据领域。2012 年《著作权法》的修改确保了印度《著作权法》与世界知识产权组织互联网条约即 1996 年《世界知识产权组织版权条约》和《世界知识产权组织表演和录音制品条约》相一致。

印度法律规定，侵犯知识产权将承担损害赔偿和返还利润等民事责任。被侵权人也可提起刑事诉讼，追究侵权人刑事责任，最高可处 3 年有期徒刑，并处或单处 20 万卢比罚金。

三　重点文化行业针对性政策

（一）电影行业

印度较早地建立了相对完善的电影行业的法律法规，1918 年印度通过了《电影法》，这标志着印度电影行业正式被纳入国家行政管理范围。随后，印度政府成立监管电视频道的机构。在电影行业方面，印度与意大利、巴西、英国等签订副产品生产合作条约，提高了电影行业的出口能力。同时，政府放松对电影行业的批准认可要求，这帮助电影行业得到正规财政机构的支持。

1. 电影分级制度

印度的电影分级制度共有四级，原先只有 U 级和 A 级，1983 年引入 UA 级和 S 级。

（1）U 级：无限制，老少皆宜，影片可以包含喜剧性的暴力动作和轻微的脏话。

（2）UA 级：适宜所有人群，影片可能包括少量的涉及性、暴力、脏话的场景，建议 12 岁以下儿童在家长陪伴下观看。

（3）A 级：成人级，18 岁以下禁止观看。

（4）S 级：限制级，仅限特殊人群观看，如医生等。

2. 电影市场政府扶持政策

印度政府非常重视电影行业的发展，因而为电影行业的发展制定了宽松的市场经济政策，形成了较为灵活的电影行业运作机制，促进了电影行业的发展。一方面，印度政府在税收等政策措施上给予优惠，这使得电影票价大大降低。根据联合国教科文组织的统计数据，印度 2019 年的平均电影票价约为 2.82 美元，相比之下，中国 2019 年的平均票价约为 5.6 美元，约是印度平均票价的 2 倍。同时，根据联合国教科文组织的统计，印度是平均电影票价最低的国家。

另一方面，印度政府不断推动电影融资的渠道畅通，促进操作手段及模式便利化。印度政府于 1999 年把电影纳入官方认可的行业范围，并制定相关政策帮助电影行业从业者更方便快捷地申请到合法的银行贷款。发行债券并获得安全保障，印度工业发展银行也由此成为第一家为电影业提供融资服务的银行。同时，政府针对外商投资颁布了法规，批准外商可以直接投资印度电影行业，并于 2001 年补充规定外资投资比例可以高达 100%。

（二）电视行业

在电视行业相关政策方面，1997 年印度推出的《广播法案》成为指导印度电视传媒行业发展的基本法律依据，这也是印度自独立以来第一部较为全面的广播电视业的行业法规。

在体制改革政策方面，印度政府于 1997 年 9 月 15 日正式实施《1990 年印度广播电视公司法》，这是一部针对国有电视台（DD）和广播电台（AIR）体制改革的法律。其主要目的是界定印度广播电视公司（Prasar Bharati/Broadcasting Corporation of India）的机构组成、职能权力和其他相关的重要问题。

在规范管理政策方面，针对有线电视和卫星电视等政策敏感问题，印度出台了《2000年有线电视网管理法》，这是一部规范和管理印度有线电视网和搭载境外电视传媒活动的专门法律。

在技术整合政策方面，为了适应电信、互联网和电视广播服务的融合的国际发展潮流，印度政府出台了《2000年通信整合法案》。

印度政府大力推行有线电视数字化，于2014年推行印度有线电视网络数字化的计划，推动全国主要城市将电视信号从模拟信号转化为数字信号，由此提升电视信号传输质量。用户可看到更多的电视频道，拥有更多的增值服务。与此同时，有线电视数字化吸引了大企业的资金投入，电视行业的数字化举措也帮助运营商提高了相关收入，实现了价值增值。

（三）动画、视觉特效和游戏行业

为了向客户提供最优质服务，印度的游戏公司需要在网际互联协议（IP）和基础设施开发上拥有足够的资金。然而，对于该行业来说，持续增长、在特定领域引入和实施严格的知识产权法律至关重要。中央和邦政府针对动画、视觉特效和游戏行业采取的一些举措如下。

（1）2016年特伦甘纳邦游戏和动画政策（Telangana Gaming & Animation Policy, 2016）。该政策旨在使海得拉巴（Hyderabad，印度第六大城市）成为动画、视觉特效、游戏和漫画（AVGC）领域投资者们的投资首选，打造一个动漫游戏的城市形象。此外，该政策还旨在推动完善游戏和动画领域的相关法律。

（2）2016年那加兰邦禁赌令和网络游戏推广和监管技能法案（Nagaland Prohibition of Gambling and Promotion and Regulations of Online Games of Skill Act）。该法案旨在规范和推动线上技能类相关游戏的发展，鼓励技能类游戏发展，反对赌博类游戏。该法案还旨在通过收取许可费和特许权使用费获得相关收入。

（3）2013年国家网络安全政策（National Cyber Security Policy, 2013）。该政策旨在建立一个用于审核的网络基础框架，以促进印度在信息安全和信息规格方面采取全球范围内的有效措施。该政策还旨在授权和促进安全应用程序和相关软件的开发。

(四)与文化贸易相关的行业鼓励政策

印度政府针对与文化贸易相关的行业实施了如下支持措施。

(1)制造业领域的投资政策。外商对印度制造业的直接投资无须经审批即可获得许可。另外,根据外汇法和外商直接投资规则,制造商对在印度生产的产品既可批发,也可零售,还可通过电商(电商无须政府审批)销售。这也与印度政府为促进本国经济发展而制定的"印度制造"投资政策一致。

(2)"印度创业"政策。在"印度创业"政策的驱动下,印度政府计划放宽企业的各种合规标准。初创企业可以在其注册成立之日起 5 年内按照实缴资本的 50% 发行血汗股权。非上市的初创企业,可以向企业的核心员工(须属于公司发起人或公司发起人的其中之一)、直接或间接(通过其亲戚或者任何其他公司实体)持有公司已发行股票 10% 以上的董事实行股权激励政策。另外,印度储备银行准许在海外设立子公司的初创企业于国外银行开立外汇账户,初创企业及其海外子公司便可通过进出口收益和应收账款而获得外汇借款。外汇账户下因从印度出口而获得的余额应在规定的期限内汇回印度。另外,印度政府也为初创企业提供了如下税收优惠政策:对投资于政府认可的向初创企业提供资金的基金而获得的资本利得免征所得税;在企业初设立的 3 年内,对不分派股息的初创企业免征所得税;对初创企业高于公允价值的投资免税。

(3)建设发展——城镇、住房、组合式基础设施投资政策。在满足外汇法的相关规定时,印度政府自动许可外商可对下述建设开发项目进行 100% 的投资,包括城镇、居住性或商业性住宅、道路或桥梁、酒店、度假村、医院、教育机构、娱乐设施、城市或地区性基础设施等的建设开发。

(4)电子商务政策。印度政府自动许可外商对从事 B2B 的电商企业可进行 100% 的投资。

(五)娱乐税收政策

娱乐税是印度对电影、大型商业演出和大型私人节庆活动等征收的一种税收。凡是与娱乐有关的商品交易,都要征收娱乐税。根据《印度宪法》,娱乐税也被包括在相关清单中。这些税收主要由邦政府进行征收，也是其收入来源之一。

属于娱乐税征收范围的其他娱乐形式包括：游乐园、视频游戏、展览、名人舞台演出、体育活动等。

付费电视服务在印度兴起之后，各邦相关的娱乐税收逐渐增加。目前，各邦政府还通过其他一些渠道获得与所得税有关的收入，如广播服务、付费电视服务、DTH 服务、有线电视服务。

1. 印度娱乐税征收单位

在印度，邦政府主要负责征收娱乐税。同时，联邦政府也可以根据交易类型征收部分娱乐税。《印度宪法》第 246 条提到将联邦政府征收的娱乐税与邦政府管辖的娱乐税分开的基本财政原则。这一部分还强调了联邦政府和各邦政府可以征收的娱乐税。如果联邦政府和邦政府在征收娱乐税方面发生冲突，联邦政府将拥有更大的征税权力。

2. 印度部分地区的娱乐税率

印度部分地区的娱乐税率如表 3-1 所示。

表 3-1　印度部分地区的娱乐税率

单位：%

地区	娱乐税率
马哈拉施特拉邦	45
西孟加拉邦	30
古吉拉特邦	20（15 印度卢比以下按票价 15% 征收）
德里	20
奥里萨邦	25
北方邦	60
比哈尔邦	50
旁遮普邦	0
恰尔肯德邦	110
哈里亚纳邦	30
泰米尔纳德邦	15（泰米尔语电影免征娱乐税）

续表

地区	娱乐税率
安得拉邦	20
喀拉拉邦	30
拉贾斯坦邦	0
喜马偕尔邦	0
中央邦	20

资料来源:"Entertainment Tax",Bankazaar,https://www.bankbazaar.com/tax/entertainment-tax.html,最后访问日期:2021年8月30日。

(六)新闻出版审核机制

虽然印度在对新闻出版的媒体管理方面相对较为宽松,但印度新闻出版行业对出版内容的要求以及审核制度较为严格,行业内的从业者需注重职业操守和职业道德,不能以低俗新闻博人眼球。报纸为了维护新闻的庄重性和质量,限制刊登不健康内容,坚决禁止带有西方颓废色彩的外国信息。报道以国内主流文化为主,刊物以探讨与民众生活息息相关的民生问题为主要内容。

第四章
文化市场资金

一 政府资金及项目扶持

（一）电影行业

在印度信息和广播部2018~2019财年的总预算中，4%（约2300万美元）的部门预算被投入电影行业。一些对电影行业的发展计划如下。

- 资助印度电影国家博物馆（电影部门下属机构）。博物馆馆藏物品包括相机、编录器、投影仪、服装、照片和其他电影相关物品，以保存和展示电影相关的发展历史。
- 资助萨蒂亚吉特·雷伊研究院，升级、扩展和管理其资源，使其设施逐渐现代化。
- 开展电影领域的基础设施发展项目，如中央电影认证委员会（CBFC）认证流程的升级、现代化，以及CBFC的扩展。
- 通过国家和国际级电影节，促进电影内容的交流和传播，推广印度的电影和纪录片，保存电影档案资料。

（二）电视行业

根据信息和广播部2018~2019财年的总预算，政府计划向广播部门划拨350万美元（占2018~2019年信息和广播部总预算的0.6%）。这些资金计划用于以下方面。

- 通过增加人员、技术升级、基础设施建设等加强电子媒体中心监测。
- 基础设施支持单位的建设。
- 自动化设施的开发。

- 为唯一的政府广播机构印度广播电视公司[①]的发展、升级和管理提供支持。

与电影行业类似，电视行业的融资代理机构包括商业银行和制作公司，因为大多数产品是由制片人自己采购的。

（三）表演艺术行业

文化部为表演艺术行业制定的一些资助计划如下。

- 表演艺术资助计划（Performing Arts Grants Scheme）：主要目的是为戏剧团体、表演团体、音乐合奏团、儿童剧院演员、独奏艺术家等演艺团体及个人和所有类型的表演艺术活动提供资金支持。计划给予的补助或补贴将以经批准的项目或方案为基础，并将是短期性的，资助通常不超过一年。文化部拨款的数额将足以支付在某一年选定的资助核准项目以及方案中所有支出项目。
- 建筑剧院和工作室补助金（Grants for Building and Studio Theatre）：该计划的目标是支持志愿文化组织和政府资助的文化组织努力为艺术家创造适当的培训、排练和表演空间。符合资助条件的项目包括"灵活的表演空间"（Flexible Spaces）、非舞台排练和表演空间（又被称为工作室剧院或实验剧院）等。项目的特点包括建设礼堂、工作室剧院和其他文化空间。
- 国际文化关系促进计划（Scheme for Promoting International Cultural Relations）：该计划的目的是提供旅游资金补助，以支持舞蹈和戏剧艺术家出国进行不同方面的文化活动，如研讨会、工作坊、节庆、展览等，以便其在国外参与演出等活动。
- 泰戈尔文化综合体方案（Scheme for Tagore Cultural Complexes）：该方案向各级政府设立的大学、市政公司、非营利组织提供资金支持，

---

① 为印度联邦政府信息和广播部下属的公共广播公司，成立于1997年11月23日，旗下有对印度具有巨大影响力的全印电视台和全印广播电台两个子公司，为印度垄断传媒机构。

以建设文化空间、推动现有文化建筑更新升级等。这些文化综合体将被建设成各种优秀艺术文化中心，并配备舞台表演（舞蹈、戏剧和音乐）、展览、研讨会、文学活动、电影表演等的相关基础设施。

- 文化功能和生产拨款计划（Cultural Function and Production Grant Scheme）：该计划向所有非营利组织、非政府组织、社团、信托机构、大学和个人开放申请，支持研讨会、会议、研究、节庆、展览、座谈会、舞蹈制作、戏剧、音乐等活动以及针对不同类型的印度文化小型研究项目。
- 艺术家退休金计划及福利基金（Artistes Pension Scheme and Welfare Fund）：这项计划资助一些为艺术和文学做出贡献的贫困人士（如相关艺术家、作家和学者等）。尽管没有任何已发表的著作，但在其领域做出重大贡献的传统学者也可以得到资助。政府的资助可采用每月津贴的形式发放。这些给予艺术家的津贴将由中央政府和邦政府共同承担。

（四）印刷行业

印度印刷业在过去几年中迅速私有化，其主要资金来源于广告费和订阅费。商业银行和其他类别金融机构也为该行业提供资金。根据信息和广播部2018~2019 财年的总预算，政府计划向信息部门拨配 3200 万美元，预算主要用于以下方面：

- 升级、改造印度大众传播研究院（Indian Institute of Mass Communication），使其满足现代标准；
- 开展媒体基础设施发展项目（Media Infrastructure Development Program），开放全新的地区中心；
- 促进通信和信息传播的发展，包括技术升级、监测等；
- 促进人力资源开发，开展培训、工作坊、研讨、相关政策学习、国际媒体项目等。

（五）动画、视觉特效和游戏行业

作为一个新兴行业，公共部门对动画、视觉特效和游戏行业的资金支持并不多，但马哈拉施特拉邦等邦政府已经划拨了土地资源，用于建立动画、视觉特效、游戏和漫画中心。卡纳塔克邦已经在政策设计上设立了资金，并在某些美术学校的课程中加入艺术教育。特伦甘纳邦计划在海得拉巴建立一个孵化中心，并出台了支持动画、视觉特效和游戏行业的政策。

（六）纺织业和手工艺品业

除纺织部外，参与纺织业融资、发展和推广的政府部门和其他主要机构包括文化部、中小企业部（Ministry of Micro, Small and Medium Enterprises）、卡迪和乡村工业委员会（Khadi and Village Industries Commission，KVIC）以及手工艺品发展委员会。此外，还有全印度手工艺品委员会，其负责就手工艺品行业的问题向政府提出建议及改进和发展的措施。

印度政府将印度商品出口计划（Merchandise Export from India Scheme，MEIS）的激励率从5%提高到7%，这将有助于减轻出口商参与手工艺品生产的成本，同时使手工艺品的定价更加具有竞争力，并促进手工艺品的出口。

印度政府为促进手工艺品行业发展采取了几项新举措。政府修订了手工艺品行业发展计划，并制定了一项新的战略，其包括四大组成部分。

（1）基础设施开发：包括集群级别（Cluster-level）的开发，例如政府通过推进集群级别公共设施的建设，以及实施重组大型集群方案，使手工艺品行业更面向市场。旅游部和纺织部联合制定了一项行动计划，挖掘旅游业在销售手工艺品方面的潜力，开发工匠村作为旅游目的地。在这一计划下，奥里萨邦的Raghurajpur手工艺村已作为旅游目的地被全面开发，相关便利设施、地铁的大型展厅和主要景点的销售柜台都将被尽快落实。

（2）设计和培训发展：将工艺产品与市场需求联系起来，根据市场需求进行产品设计与开发。鼓励民族手工艺品组织根据市场需求进行设计更新，并采用具有创新设计的工匠团体和营销设施进行生产。除了组织大师级工匠的培训外，政府还动员大量销售/出口手工艺品的公司为满足设计要求提供服务，这些活动由纺织部管理。

（3）向工匠提供直接财政支持：通过在线资金转账直接向工匠提供政府支持。纺织部已开始采取行动，支持初创企业从事商业规模的手工艺品生产，并促使其从微型实体发展与再融资局（Micro Units Development and Refinance Agency，MUDRA）这一公共部门的金融机构获得信贷。

（4）通过私营部门的参与与市场建立联系：制作一个在线手工艺品的地理位置目录，其中包含来自各个集群的工匠的详细联系信息，以方便买家与他们取得联系。此外，电子商务正被用来推销手工艺品，因为它一方面消除中间商，另一方面通过不断传递市场信息，能够大幅提高初级生产者的收入。

截至2018年8月，印度政府已将501种纺织品的基本关税从10%提高至20%，以促进印度纺织品制造和本土生产。印度纺织部拨出10658万美元，用于在7个邦建立21个生产单位，以促进印度纺织业的现代化发展。

（七）文化旅游行业

在旅游部的资助和相关计划中，旅游部主要通过海外营销、宣传和活动等各种方案向旅游业提供支持。

- 促进国外旅游、医疗卫生旅游发展，促进实施印度公约促进局（India Convention Promotion Bureau, ICPB）成员的市场发展支持计划；
- 协助旅游及招待行业协会组织和开展国内外的各种活动；
- 中央财政支持信息技术，促进旅游业发展；
- 组织举办集市、节庆和其他旅游相关活动，开展包括酒店业在内的国内推广和宣传活动；
- 提供小型社区的旅游需求补贴，通过投资基础设施促进旅游业发展；
- 通过资助创收项目来鼓励创新和生产以实现旅游增长。

（八）视觉艺术行业

印度文化部采取了各种措施鼓励艺术家，通过计划、赠款等方式促进视觉艺术行业发展。

（1）不同文化领域的青年艺术家奖学金。该计划的目的是以奖学金的形式向有前途的年轻艺术家提供舞蹈、艺术和音乐各个方面的高级培训。奖学金的期限是两年。培训的性质将在考虑学者之前的培训和背景后确定。学者们需要进行指定领域的培训。这种培训包括每天最少三小时的练习，以及有关学科理论知识的学习。每个学年共发放400份奖学金，向每个被选中者每月提供5000里拉，为期两年，以支付书籍、美术材料和其他设备、旅游和学习或培训的费用。

（2）博物馆赠款计划（Museum Grant Scheme）。该计划通过邦政府、社会、地方机构、学术机构以及在《1860年社团登记法》（Societies Registration Act of 1860）下注册的信托机构向新建博物馆提供发展资金。该计划的目的是：

- 在地区、邦和一定区域范围内提升博物馆的现代化水平；
- 促进博物馆艺术品数字化，使其图像/目录可被在线使用；
- 促进博物馆专业人才的能力建设。

同时，政府也为建立新博物馆、发展现有博物馆、博物馆中的艺术品数字化和博物馆专业人员的培训提供财政支持。其覆盖范围包括：

- 收藏古物、钱币、绘画、民族学收藏、民间艺术及工艺品、纺织品、邮票等的博物馆；
- 展示上述任何一个或全部类别的线上虚拟博物馆；
- 主题博物馆。

二 其他形式融资

除了政府及官方的资金及项目扶持以外，印度文化产业资金很大一部分来自外资以及相关非政府组织机构和个人的融资。

（一）吸引外部投资

媒体和娱乐产业是"印度制造"（Make in India）倡议的重点，政府至今已采取了若干措施以吸引投资、改善商机，包括如下一些计划。

- 国家电影开发公司（National Film Development Corporation，NFDC）建立了电影促进办公室（Film Facilitation Office），推进各种电影在印度的拍摄，目标是将印度打造为海外电影的制作基地。
- 印度工商会（Federation of Indian Chambers of Commerce and Industry，FICCI）推动建立了媒体娱乐技术委员会（Media and Entertainment Skills Council，MESC），建立资金主要来自国家技术发展公司（National Skill Development Corporation，NSDC），委员会的目标是到2022年在74个工作种类中创造120万就业量。
- 印度政府牵头，与中国和韩国等国家签署了电影协议，这不仅增加了电影行业的收益，还拓展了印度电影的影响范围。电影领域的"印度制造"活动旨在推动行业增长，创造行业就业，使印度成为全球领先的电影旅游目的地。

除了相关政策计划和"印度制造"项目的资金，商业银行、外国电影机构、国际资助机构和制作单位也是印度电影行业的资金来源。

在表演艺术领域，由外国政府和私人基金支持的双边机构在印度也实现了快速发展。这些机构提供举办表演、会议、工作坊和研讨会的场地及设施。有时，其也支持来自其他国家的艺术家与印度的表演艺术家和团体进行合作。其中一些机构还为印度相关的演出项目提供资金。此外，双边机构也为跨文化项目提供资金。受资助的印度艺术家前往资助方国家，独自或与其他艺术家共同创作新的艺术作品。

在出版方面，印度出版商的数量众多，但是具有出版能力的仅3000家，年度出版图书品种在100种以上的大型出版社为20家，年度出版图书品种在50~100种的中型出版社有100余家。本土的商业出版社以联合出版公司、维卡斯出版公司、红鹿袖珍丛书出版公司等为代表，政府出版机构以国家图书托拉斯、萨希蒂亚科学院、信息和广播部出版处等为代表。

作为全球重要的英语出版市场之一，印度的新闻出版业吸引了数量庞大的跨国出版商，在印度，许多大型出版商都是英国、美国以及其他欧洲出版集团的分支机构，如兰登书屋、阿歇特、培生、哈珀·柯林斯、牛津大学出版社、麦格劳-希尔、企鹅出版集团等，它们主要集中在新德里和孟买这两座出版中心城市。例如培生在新德里、北方邦、孟买共设有8家分支机构，里德-爱思唯尔集团在新德里、金奈、孟买、加尔各答等设有5家分支机构。2001年，印度成立印度海外出版商协会（Association of Publishers in India，API），其主要目的是推动印度的新闻出版业更多地进行国际合作与交流。

随着一些跨国出版公司对印度的出版市场兴趣的日益浓厚，它们的业务在两方面得以进一步拓展。一是购买印度本土语种出版物的翻译版权，例如美国和英国的出版商。二是建立分支机构。虽然近年来中印两国出版业的合作交流日渐增多，但交流的深度和广度依然有限，中国出版企业与印度知名的阿难陀出版社、印度图书、莫提拉·班那西达斯公司等还未建立合作往来，中国企业对于印度新闻出版业投资还不多，这对中国企业来说是机遇也是挑战，中国企业需要采取合理有效的策略，深度开发印度新闻出版市场。

（二）非政府机构融资

【表演艺术行业】许多非政府组织支持印度的表演艺术行业，包括戏剧和皮影戏团体创作表演，以向目标观众传达对一些社会问题的思考。在印度，有一些国家和国际基金会在表演艺术领域提供赠款，具有重大影响。其中一些机构如表4-1所示。

表 4-1　印度的表演艺术行业融资机构

表演艺术行业融资机构	私营机构	塔塔信托
		印度艺术基金会
	非政府组织	国家表演艺术中心
		印度古典乐和艺术青年推广协会
	外国机构	印—韩文化信息中心
		日本国际交流基金会
		Hivos（荷兰非政府组织）
		英国文化教育协会
		马克斯·穆勒·巴万机构（德国政府支持）
		瑞士 Pro Helvetia 基金会
		瑞典协会（外国私营基金支持）

【动画行业】资金来源包括私营部门的各种资金，如企业、外国电影基金会、非政府组织、外国政府支持的组织、商业银行。一些主要的资金来源如下。

- Glas 动画，伯克利（Glas Animation, Berkeley）
- 英国文化教育协会：电影（British Council: Film）
- 芬兰电影基金会（Finnish Film Foundation）

印度和国际机构的合作如下。

- Toonz 娱乐（Toonz Entertainment）和 Chocolate Liberation Front（CLF）、Hahn 电影（Hahn Films）
- Digitales 工作室（Digitales Studios）和 POW! 娱乐（Stan Lee's POW! Entertainment）、传奇 VR（Legend VR）
- Cosmos Maya 和意大利动画制作公司 Campedelli 工作室（Studio Campedelli）
- Bhasinsoft 和 Fantastic Films International（FFI）

【游戏行业】由于人们对游戏行业缺乏认识，印度游戏行业在近 20 年的时间里一直在努力从公共和私人渠道获得资金。然而，由于最近人们对智能手机、互联网和娱乐平台需求的激增，印度游戏行业出现大量资金流动。印度的游戏行业融资机构如表 4-2 所示。

表 4-2　印度的游戏行业融资机构

游戏行业融资机构	本土融资机构	IIFL 特别机会基金
		Piramal 公司
		Edelweiss 集团
		Kalaari 资本
		Reliance 娱乐
	外国融资机构	阿里巴巴
		腾讯
		Zynga

【手工艺品行业】 除了政府资助外，手工艺品行业还通过多种机制获得资助，资助包括私营公司、基金会、信托和发展组织的捐赠。私营部门通过零售连锁店、高端时装设计师和社会企业的不同市场化的推动，为促进手工艺品行业的发展做出了贡献。95% 以上的手工艺品生产的主要渠道是某种形式的私营企业。

在国际组织方面，教科文组织等联合国机构提供了分享手工艺品的最佳发展路径、研究和文件的平台，如专题研讨会等。这些举措通常侧重于项目设计和构建框架，通过举办相关活动促进创意和文化产业的发展。其他的国际组织包括世界银行也向手工艺品组织提供资金。一些私人基金会，如艺术家支持资金（Aid to Artisans）、塔塔信托和福特基金会（Ford Foundation）提供了长期赠款，以扩大印度手工艺品影响力。此外，一些国际组织通过非营利机构向工匠提供信贷。这些努力共同帮助维持了手工艺品行业的非营利工作，对工匠的收入也产生了一定的影响。

【纺织行业】 除政府资助外，纺织行业还通过多种机制进行融资，融资包括私营公司、基金会、信托、商业银行和相关行业组织的捐赠。私营部门通过制造业企业、零售连锁店、高端时装设计师的共同努力，为提升工匠待遇做出了贡献。

【文化旅游行业】 印度文化旅游行业融资机构主要如下。

1. 印度旅游金融公司

根据印度国家旅游委员会（National Committee on Tourism）的建议，印

度旅游金融公司（Tourism Finance Corporation of India Ltd.，TFCI）已成为全国性金融机构，主要目标是向印度旅游项目提供长期的信贷以促进印度的旅游基础设施的建设。印度旅游金融公司成为旅游业的投资催化剂，截至2015年累计批准援助总额达11.2亿卢比，主要集中在旅游业和其他相关部门的773个项目。印度旅游金融公司通过卢比贷款、认购股权/债券和公司贷款等方式提供金融资助，主要用于酒店、游乐园、索道、多功能影院、餐厅等的建设项目。为了在其他相关领域实现多样化发展，印度旅游金融公司在其能力范围内，在一定程度上扩大了参与的项目范围，涵盖了基础设施融资、房地产项目和制造业项目。

印度旅游金融公司作为一个专门的融资机构，在旅游基础设施建设方面做出了重大贡献，创造了直接就业的机会。2015年，其批准的资助将旅游业的投资增加到了379亿美元。

2. 私营融资机构

印度地形丰富、景观优美，旅游业蓬勃发展。这也是为什么该行业主要由私营部门经营，并获得各种各样的投资，如种子资本、风险投资、私募股权、天使投资、贷款、租赁和回租。其他资金来源包括私人公司、基金会、信托基金和相关发展组织等。

【文化教育行业】教育行业的融资大部分是通过政府资助实现的。其他资金来源包括赠款计划、私人公司、基金会、信托和发展组织等。一些资助机构通过开展项目、研讨会、培训等进行文化教育的融资活动，这些机构如下。

- 亚洲协会
- 国际文化多样性基金（来自UNESCO）（International Fund for Cultural Diversity，UNESCO）
- 欧洲文化基金会（阿姆斯特丹）（European Cultural Foundation，Amsterdam）
- 艺术和文化金融机构（英国）（Arts and Culture Finance，UK）
- 教育文化事务局（美国）（Bureau of Educational and Cultural Affairs，USA）

第五章
文化市场人才

一 表演艺术行业人才培训

印度文化部主要负责表演艺术行业的发展，支持艺术家福利和行业发展的各种机构。舞蹈、戏剧和艺术行业培训和管理的主要机构如下。

（一）国家音乐、舞蹈和戏剧学院

国家音乐、舞蹈和戏剧学院是印度建立的第一个国家艺术学院。自成立以来，学院一直是印度表演艺术的最高机构，其目标是保护和发展以音乐、舞蹈和戏剧形式为基础的印度多元的非物质遗产。为了实现其目标，学院与印度不同邦和地区的政府和艺术学院以及主要文化机构进行合作，以开展相关培训。学院设立和管理在表演艺术领域对国家十分重要的机构和项目。学院为表演艺术的研究、文献收集和出版项目提供资助，组织活动，维护档案、图书馆、乐器、画廊，并保存和管理相关的艺术文档。作为印度专门从事表演艺术的最高机构，学院还向印度政府提供建议，协助印度政府进行演艺领域的政策制定和实施。

（二）国家戏剧学院

印度文化部长期资助国家戏剧学院（NSD）以促进戏剧和表演艺术的发展。1975年以来，国家戏剧学院一直是一家独立经营的剧院培训机构，提供戏剧和表演方面的项目，设立工作坊（在印度和国外）和课程，课程包括多种形式，如梵文戏剧、现代印度戏剧、传统印度戏剧、亚洲戏剧和西方戏剧。国家戏剧学院有两个主要的演出部门，即剧目公司（Repertory Company）和戏剧教育公司（Theatre In Education，TIE）。剧目公司为学校毕业生提供了一个演出的专业平台。除了制作剧目以外，它还组织自己的节庆活动及巡演，并在印度国内外进行广泛演出。戏剧教育公司专注于在学校里表演基于课程的、具有创造性和参与性的戏剧，专门为不同年龄段的儿童设计剧目。这家公司在德里和印度其他地区演出了 26 部戏剧，共计 800 多场，拥有超过 55 万名儿童观众。学院的另一个项目是"传统戏剧项目"（Traditional Theatre Project），始于 1980 年，旨在促进传统和当代戏剧艺术家之间定期进行创意性互动。

（三）国家艺术学院

国家艺术学院成立于 1954 年，是印度视觉艺术领域的顶尖文化机构。同时它是一个独立的组织，负责制定与国内和国际展览、活动相关的决策，并通过奖学金和赠款向艺术家和艺术组织提供资金支持。它永久性地收藏、保存和记录印度现当代艺术品。其全年都会举办十分重要的展览和教育项目，促进和支持艺术研究和创作。国家艺术展（National Exhibition of Art）和印度三年展（International Triennale India）就是其中代表。学院通过培训计划、工作坊和战略伙伴关系参与一系列与推广印度艺术有关的活动，并为印度国内和国际艺术家提供工作室，帮助他们进行绘画、雕塑和陶瓷等各种艺术工作。

二　文化教育行业人才培训

文化资源与培训中心（CCRT）致力于将教育与文化相结合。CCRT 是印度文化部管理下的一个独立机构。CCRT 以文化知识和理解为基础进行教育活动，有助于提高学生的创造力、独立思考能力和同情心。CCRT 帮助教师、学生和教育管理者认识并了解印度地区文化的多样性，并将这种知识与教育结合起来，使教育体系重新焕发活力。

CCRT 为在职教师、教师教育工作者、教育行政人员和学生提供各种培训方案。它还为身心障碍儿童组织专门的培训项目。培训项目提高儿童对印度艺术和文化、哲学、美学和美的理解和欣赏能力，并十分重视在教学中融入文化知识。CCRT 还强调文化在科技、住房、农业、体育等各个方面的作用。它组织各种教育活动，帮助在校生、教师和儿童在政府的和非政府组织的推广服务和社区反馈计划下，树立对自然和文化遗产保护的意识。

除了政府的倡议外，一些私立机构也采取相应措施促进印度各地的中小学校和大学的文化教育，例如 National School Intensive 活动。National School Intensive 是 SPIC MACAY 专门为在校生举办的为期一周的活动。学生们有机会接触各种各样的大师和著名的艺术天才，并向他们学习，这种经历将会极大地激励他们。他们还可以通过音乐会、研讨会、会谈、经典电影和瑜伽课程了解印度的丰富文化。大约有 200~400 名来自全国各地学校的儿童（在教师陪同下）聚集在主办机构（通常是学校），参加为期一周的课程。

三 其他领域人才培养机构

印度的其他领域人才培养机构如表 5-1 所示。

表 5-1 印度的其他领域人才培养机构

行业类别	机构类别	培训机构	简介
电影行业	政府机构	印度电影电视研究院	不同的机构会提供不同的培训服务，一些由政府支持，一些为私人运营。培训机构的建立旨在为人们进行电影学习、表演和电影制作提供实际的项目
		萨蒂亚吉特·雷伊研究院	
		印度大众传媒研究院	
		国家设计研究院（NID）	
	私营机构	普拉萨德电影研究院	
		电影电视艺术研究中心	
		呼啸森林国际	
		拉莫吉电影电视学院	
电视行业	政府机构	印度电影电视学院	印度有多家培训机构提供电视行业的在职培训。这些机构的成立是为了在电视研究中提供实用的内容培训，涉及项目包括表演、建模、摄影、导演、编辑、制作、脚本创作、声音和视觉特效
		萨蒂亚吉特·雷伊电影电视学院（SRFTI）	
	私营机构	卓越创意学院	
		电影电视艺术研究中心	
		亚洲电影电视学会	

续表

行业类别	机构类别	培训机构	简介
传媒行业	政府机构	印度大众传播研究院	政府和私营培训中心提供在职培训，如新闻研究的实地课程，课程包括在大众传播领域的教学、培训和研究工作
		国家书籍信托（NBT）	
		A.J.K. 大众传播研究中心	
	私营机构	Xavier 传播研究院	
		Manipal 高等教育学院媒体与传播学院	
		Symbiosis 媒体传播研究院	
		亚洲记者学院	
动画行业	政府机构	国家电影与美术学院	在动画领域，大多数提供在职培训的机构是私营的。这些机构提供动画研究的实地课程，课程包括教学、培训和技术技能以及电影方面的研究
		印度大众传播研究院	
	私营机构	Xavier 传播研究院	
		Maya 高级电影研究所	
		Arena 动画	
		Zee 创意艺术研究院	
		Picasso 动画学院	
		Toonz 学院	
游戏行业	政府机构	国家设计研究院（NID）	在游戏领域，大多数提供在职培训的机构是私营的。这些机构提供在线游戏研究开发的实地项目，项目包括教学、培训和技术技能以及软件和应用程序创建领域的研究
		印度大众传播研究院	
	私营机构	印度电影动画研究院	
		Seamedu 游戏动画学校	
手工艺品行业	政府机构	圣雄甘地农村工业化研究所（MGIRI）	为了加强手工艺品领域的培训和发展，印度已经建立了许多培训机构，既有政府支持的培训组织，也有私营机构。这些机构通过讲习班、项目和研究生课程，在陶土、金属工艺、木竹工艺、纺织工艺、皮革工艺等方面提供创新设计和技术开发的培训和工匠教育
		印度工艺与设计研究所（IICD）	
		工艺发展研究所（CDI）	
		印度竹资源和技术中心（CIBART）	
	私营机构	米塔尔研究所（哈佛大学）手工艺设计创造项目	
		手工艺村	
		人民工艺培训中心（PCTC）	

续表

行业类别	机构类别	培训机构	简介
纺织行业	政府机构	印度国家时装技术学院	为了加强纺织和时尚领域的培训和发展，纺织部已经建立了许多机构，机构既有政府支持的，也有私营的。这些机构通过研讨会、项目和研究生课程，在棉花、织物、服装、纺织工程、工艺、工业研究、管理等领域提供创新设计和技术开发方面的研究、培训和教育
		Sardar Vallabhbhai Patel 国际纺织管理学校	
		Ahmedabad 纺织业研究协会	
		Bombay 纺织研究协会	
		南印度纺织研究协会（SITRA）	
		印度北部纺织研究协会	
		合成和艺术丝绸厂研究协会（SASMIRA）	
		人造纺织品研究协会	
		印度黄麻工业研究协会	
		羊毛研究协会	
	私营机构	印度服装制造商协会	
		DKTE 协会纺织和工程机构	
		Kushal 纺织机构	
文化旅游行业	政府机构	印度旅游管理机构（IITTM）	旅游部负责其下相关机构，这些机构提供教育、研究和咨询、专业培训和发展计划、区域一级指南培训计划和讲习班，以可持续管理旅游业、酒店业和其他相关行业，如印度文化促进机构等。此外，还有各种私营机构提供旅游和文化推广方面的教育、培训和发展课程
		国家水上运动机构（NIWS）	
		酒店管理和餐饮国家委员会（NCHMCT）	
		酒店管理机构	
		Ashok 酒店旅游管理机构	
	私营机构	Bharati Vidyapeeth 酒店和旅游管理研究学院	
		酒店和旅游遗产研究院	
		Leo 酒店和旅游管理学院（LAHTM）	
		Gateway 酒店和旅游机构	
		旅游和酒店管理国家机构（NITHM）	

续表

行业类别	机构类别	培训机构	简介
文化遗产行业	政府机构	英迪拉·甘地国家艺术中心（IGNCA）	该行业的培训机构以政府支持为主，私营为辅，还有一些培训机构提供在职培训。这些机构的建立旨在提供实际的项目以研究和体验所有的艺术。这里所谓的艺术强调：创造性和批判性文学，不论是书面的还是口头的；视觉艺术，从建筑、雕塑、绘画到一般物质文化、摄影和电影。这些培训机构通过各种不同的研究、出版、培训、创意活动和表演项目，将艺术置于自然和人文环境的背景下
		Maulana Abul Kalam Azad 亚洲研究院	
		国家博物馆研究院	
		Maharaja Sayajirao 大学艺术学院	
		国家文化遗产研究院（在建）	
		印度国家艺术和文化遗产信托基金（INTACH）	
	私营机构	国际艺术研究院	
		Delhi 艺术学院	
		班纳斯塔法大学（Banasthali Vidyapith University）	

第六章 文化产业国际化

一 政府大力促进文化产业国际化

为了加强与其他国家和地区的文化交流，印度专门成立了印度文化关系委员会（ICCR）。除了进行官方和非营利性的文化活动之外，委员会还十分重视将印度的文化产品推介到世界，例如组织印度艺术团体到国外进行演出，举行国际手工艺品的展销活动等。由于历史的原因，印度文化在南亚以及东南亚各国一直有很大的影响力，具有印度特色的影视作品等在这些地区占有一定的市场份额，同时印度不断努力促进与其他国家的文化产品和服务的贸易往来。印度政府从1999年解除了有关外国人不能投资印度电影行业的禁令，实行优惠的税收和金融政策，这些措施大大促进了国外资金的流入，国际著名电影及音乐公司如华纳兄弟、环球、默多克、索尼、宝丽金、百代等纷纷在印度投资，为印度文化产品的国际化提供了资金、管理经验和渠道。

就国际事务而言，印度文化部负责落实联合国教科文组织的若干公约，同伙伴国家签订文化交流协议。目前，印度已同107个国家签署文化协议，同69国签署了文化交流项目相关的协议。

1988年5月，印度与中国签署文化协议，开始了在文化、艺术、教育、社会科学、体育、公共卫生、媒体和出版、广播、电影和电视领域的合作。2016年8月，印度文化关系委员会与中国文学艺术界联合会签署文化交流合作备忘录。此后，"印度色彩节"于2017年5月在北京和南京举办，"今日中国"艺术周于2018年2月在印度举办。

在多边论坛方面，2017年在中国召开的金砖峰会确定了2017~2021年巴西、俄罗斯、印度、中国和南非的文化合作计划，五国将共同推动遗产保护，促进交流，建立文学交流的图书馆联盟。具体而言，2017年7月5日至6日在中国天津举办了金砖国家（BRICS）文化部长会议，印度方由印度文化部部长领队的4人代表团出席。会议期间，金砖国家签署了5份文件①，以落实各国艺术博物馆、国家画廊、图书馆，青年儿童博物馆、剧院之间的交流合作。

此后，印度先后参加了在哈萨克斯坦举办的上合组织（SCO）成员国第14次文化部长会议和在斯里兰卡举办的南盟（SAARC）第9次理事会。

二 文化产业国际化发展相关组织机构及活动

（一）国际文化关系部门

国际文化关系部门（International Cultural Relations Division，ICR）是印度文化部的下属部门，旨在通过与各国签订文化协议和文化交流项目来发展印度与别国的文化交流友好关系，从而有效地传播印度文化。文化交流是该部门的主要活动。2017~2018年，印度和亚美尼亚、塞浦路斯、土耳其、俄罗斯、葡萄牙、荷兰、缅甸、白俄罗斯、意大利、柬埔寨和圭亚那等国家签署了文化交流协议，极大地推动了与多个国家的双边文化关系。印中两国于2010年签订的文化交流协议包括了文化全领域内的合作，如开展两国表演艺术家、政府工作人员、作家、档案管理员和考古学家之间的互访，组织文化节、电影节，在大众传媒、青年事务和体育方面进行交流。

部门还负责执行推广国际文化关系计划。这一计划的两个组成部分为印度节日推广（Festivals of India）和资助印外友谊文化社区计划（Grant-in-aid to Indo- Foreign Friendship Cultural Societies Scheme），其中最引人注目的是印度海外节日计划（Festivals of India Abroad Scheme）。印度海外节日计划的主要目标是在海外推广印度文化，加强与别国的联系，提升双边文化形象，推广印度艺术，促进入境旅游发展。这一计划将印度的软实力融入国家对外关系的相关战略，特别关注精神、文化和哲学层面。印度

---

① "BRICS Leaders Xiamen Declaration"，Ministry of External Affairs，Government of India，https://www.mea.gov.in/Uploads/PublicationDocs/28912_XiamenDeclaratoin.pdf，最后访问日期：2019年12月3日。

政府通过相关计划在海外推广本国文化，通过舞蹈、音乐表演、美食节、展览、文化节、电影节、瑜伽、木偶表演、印度手绘等加强人文交流。2017~2018年，印度节日已成功在英国、巴西、泰国、乌兹别克斯坦、科特迪瓦、利比里亚、几内亚、斐济、基里巴斯、汤加、瓦努阿图、瑙鲁、图瓦卢和库克群岛等14国举办。在文化部的支持下，21个剧团赴海外参与节日庆祝。

2011年，中国主办了"中印交流年"活动，2014年印度主办了"中印友好交流年"活动[1]，印度驻华大使馆在中国12个城市组织了"印度节日一瞥"活动。该活动是由印度文化部与中国的伙伴机构联合组织的。活动包括了印度表演艺术展演、现代印度艺术展览、印度佛学遗产以及与中国的联系为主题的视觉和图片展、美食节、电影节以及一些知名印中学者和作家参与的活动。同期开展的还有商业和旅游推广活动。[2]

除印度节日外，印度使团还在海外组织了庆祝印度独立70周年的文化活动，并在全球55个国家共举办了73场纪念活动。

国际文化关系计划中的另外一项重要内容是印外友谊文化社区计划（Indo-Foreign Friendship Cultural Societies Scheme）。印外友谊文化社区计划是印度政府向在海外与印度有联系并举办文化活动的协会，提供资助以便在其他国家推广印度文化，增强印度文化的影响力。资助旨在推广印度文化，建立与他国更紧密的友好关系和文化联系。资助支持印外友好协会开展各类型的项目和活动，如讨论印度文化和历史，举办专题讨论，安排印度剧团的表演，举行书籍展览，开设瑜伽课程，推广印度音乐、舞蹈等。

---

[1] "The Cultural Exchange Programs between India and other countries"，联合国教科文组织（UNESCO），Diversity of Cultural Expressions, https://en.unesco.org/creativity/policy-monitoring-platform/cultural-exchange-programs，最后访问日期：2019年11月17日。

[2] "Launch of the Official Logo for 2014 Year of Friendly Exchanges between India and China", Press Release, https://indiaculture.nic.in/sites/default/files/festival_china/press_release/Pressrelease%20india.pdf，最后访问日期：2019年12月3日。

第六章　文化产业国际化

（二）出口促进委员会

纺织部通过多个出口促进委员会来经营、促进和监督纺织品的出口。这些委员会将国际买家与合适的供应商联系起来，使他们能够满足彼此的特定需求。委员会还提供印度的国际竞争力、出口环境以及在全球市场上的最新地位等信息。委员会定期更新国际产品趋势、与贸易有关的内容、技术进步情况和行业最新发展，以及现有市场和新兴市场等信息。委员会还进行定期市场研究，组织参加国际贸易博览会，举办自己的买卖方会议，促进国际贸易。委员会也组织贸易代表团，增加产品出口到其他国家的机会。国际买家通过委员会能够更好地了解印度和国际贸易政策、新兴贸易问题、社会和环境合规性、质量管理和可持续商业实践的相关信息。出口促进委员会如下所列。

- 服装出口促进委员会（Apparel Export Promotion Council，AEPC）
- 棉花纺织品出口促进委员会（Cotton Textiles Export Promotion Council，TEXPROCIL）
- 合成纤维和人造丝纺织品出口促进委员会（Synthetic & Rayon Textiles Export Promotion Council，SRTEPC）
- 羊毛和羊毛出口促进委员会（Wool & Woollens Export Promotion Council，WWEPC）
- 羊毛工业出口促进委员会（Wool Industry Export Promotion Council，WOOLTEXPRO）
- 印度丝绸出口促进委员会（Indian Silk Export Promotion Council，ISEPC）
- 地毯出口促进委员会（Carpet Export Promotion Council，CEPC）
- 动力织机开发与出口促进委员会（Powerloom Development & Export Promotion Council，PDEXCIL）
- 手工织布机出口促进委员会（Handloom Export Promotion Council，HEPC）
- 黄麻产品开发和出口促进委员会（Jute Products Development & Export Promotion Council，JPDEPC）

（三）电影国际化推广

印度从上至下都非常重视电影的国际推广和对外贸易。印度电影发行公司十分注重海外宣传与发行，有部分印度影片发行商在进行电影推广时，不仅在各地媒体上投放电影广告，而且对潜在观众进行详尽的调查和分布定位，然后通过全方位的宣传（包括电子邮件、海报、宣传页等）覆盖所有目标人群。印度影片发行商还会多次举办以影片为主题的推广活动，每次活动都让全体主创人员参加，以实现营销效果的最大化。

为了提高影片的国际亲和度，印度电影大量使用英语，并调整片长以适应海外需求。例如大量的印地语影片使用英文片名，从而吸引更多英语受众。印度的歌舞片片长一般为 180 分钟左右甚至更长，为符合海外观众的习惯，部分电影在进行海外发行时也相应缩短了电影中的歌舞片段，减少影片时长，以适应海外观众观影习惯。

印度政府和电影相关的组织也擅长利用国际电影节宣传印度电影。印度是世界上电影节最多的国家。据不完全统计，印度每年举办各类国际电影节 10 余次，国内电影节不计其数。相当一部分邦都有自己的国际电影节，但规模不大，影响有限。中央政府举办的比较有影响力的国际电影节有三个：一是印度国际电影节，其是印度最大、最具影响力的国际故事片电影节，于 1952 年举行第一届，是亚洲最早的电影节；二是始于 1997 年的孟买国际电影节，该电影节为纪录片、短片和动画片电影节，是印度唯一由专业电影机构主办的国际电影节；三是印度国际儿童电影节，该电影节每两年一届。印度还热衷在海外举办电影颁奖典礼，以获得国际电影界和国际媒体的关注。自 2000 年起，印度政府和电影行业相关机构和电影从业人员已在英国、南非、荷兰等多个国家和地区持续举办多届有"印度奥斯卡奖"之称的"国际印度电影学院奖"。

（四）NBT 资金支持计划

国家书籍信托（NBT）是印度和国外图书推广的重要机构。其设立了一个 NBT 资金支持计划（NBT FAP），这是一个专门的版权交流计划，旨在将印度书籍翻译成外语。根据这一计划，信托向希望翻译印度作品的外国出版商提供资金。

NBT 根据印度政府的授权，向组织图书推广活动的非营利性文学组织提供特设的资金支持。资金最多包含核准开支的 75%，可用于任何目的，如帮助作者、出版商、销售商举办研讨会、推广活动、培训，或为促进图书行业发展而开展的任何活动。

NBT 向作者和出版商提供资助，以促进出版教科书和参考资料。到目前为止，NBT 已经资助出版了一千多本书，大部分是英文的。该计划的范围已扩大，以便为印度语言的出版物提供支持。

（五）Kochi-Muziris 双年展

Kochi-Muziris 双年展（Kochi-Muziris Biennale，KMB）是在喀拉拉邦举行的两年一届的文化盛会，每届都吸引了来自众多国家的艺术家、志愿者和游客等。它迅速发展为当代世界艺术的重要展会之一，并将喀拉拉邦置于世界文化地图上。KMB 由 Kochi 双年展基金会主办，该基金会是由艺术家 Bose Krishnamachari 和 Riyas Komu 于 2012 创办的非营利性公益慈善信托电子公司，并在喀拉拉邦的 14 个网站上公示。在喀拉拉邦政府的支持下，Kochi 双年展基金会旨在提高公众对印度艺术的认识，并发展艺术基础设施。

三　印度对外文化贸易发展情况

印度人民对文化产品和服务需求的不断增加推动了印度文化产业的不断发展，印度文化产品与服务的进出口也随之发展起来。自 2005 年以来，印度的文化贸易呈持续性增长，2015 年，印度的创意产品进出口总额达 219.90 亿美元，是 2005 年的 85.89 亿美元的 2 倍多。2015 年印度创意产品出口额达 169.37 亿美元，比 2005 年的 74.43 亿美元增加 127.56%；2015 年印度创意产品进口额达 50.53 亿美元，比 2005 年的 11.46 亿美元增加 340.92%（如图 6-1 所示）。

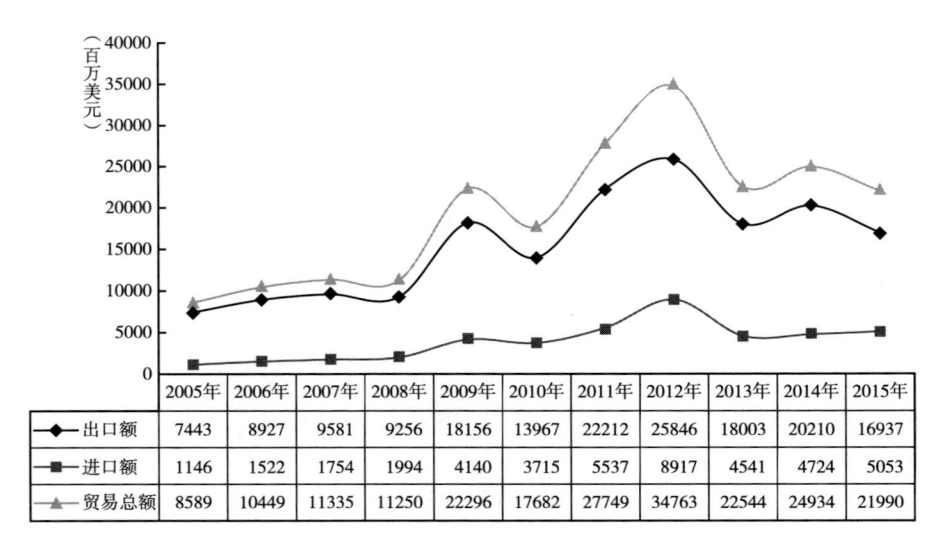

	2005年	2006年	2007年	2008年	2009年	2010年	2011年	2012年	2013年	2014年	2015年
出口额	7443	8927	9581	9256	18156	13967	22212	25846	18003	20210	16937
进口额	1146	1522	1754	1994	4140	3715	5537	8917	4541	4724	5053
贸易总额	8589	10449	11335	11250	22296	17682	27749	34763	22544	24934	21990

图 6-1　2005~2015 年印度创意产品进出口情况

资料来源：联合国贸易和发展会议数据中心。

印度创意产品出口方面，2015 年设计类产品占创意产品出口的比重最大，出口额为 146.64 亿美元，占创意产品总出口额的 86.58%，其次是出口额为 15.92 亿美元的工艺品，出口额排在第三的是出口额 2.52 亿美元的出版类产品。印度创意产品进口方面，设计类产品依旧占有最大优势，2015 年设计类产品进口额为 20.67 亿美元，占整体进口额的 40.9%，出版类产品仅次于设计类产品，其进口额达 10.42 亿美元，占整体进口额的 20.62%，视听类产品进口额达 10.40 亿美元，占整体进口额的 20.58%。印度在创意产品出口方面长期保持着贸易顺差，2015 年贸易顺差为 118.84 亿美元（如图 6-2 所示）。

2015 年，印度创意产品出口的主要市场分别是亚洲（51.83%）、美洲（23.37%）和欧洲（20.05%），印度创意产品出口至非洲及大洋洲的较少，非洲和大洋洲市场分别只占 2.47% 和 1.79%（如图 6-3 所示）。印度创意产品进口方面，排在前三的供应地是亚洲（61.42%），欧洲（24.13%）和美洲（12.94%），印度进口创意产品来自大洋洲及非洲的仅有 1.17% 及 0.04%（如图 6-4 所示）。

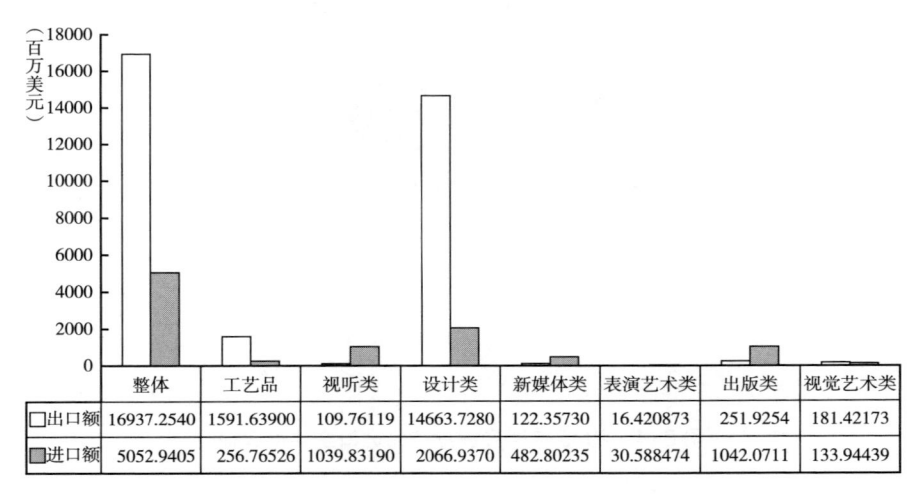

	整体	工艺品	视听类	设计类	新媒体类	表演艺术类	出版类	视觉艺术类
出口额	16937.2540	1591.63900	109.76119	14663.7280	122.35730	16.420873	251.9254	181.42173
进口额	5052.9405	256.76526	1039.83190	2066.9370	482.80235	30.588474	1042.0711	133.94439

图 6-2　2015 年印度创意产品进出口情况

资料来源：联合国贸易和发展会议数据中心。

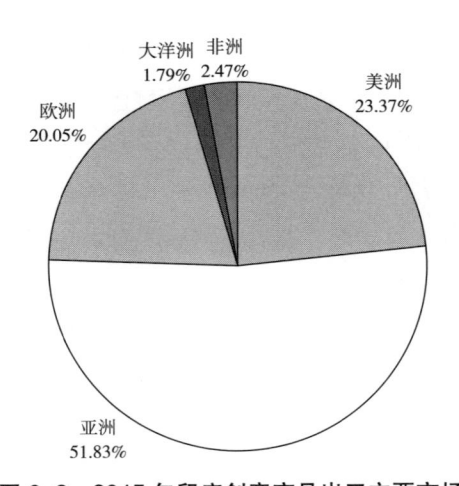

大洋洲 1.79%
非洲 2.47%
美洲 23.37%
欧洲 20.05%
亚洲 51.83%

图 6-3　2015 年印度创意产品出口主要市场

资料来源：联合国贸易和发展会议数据中心。

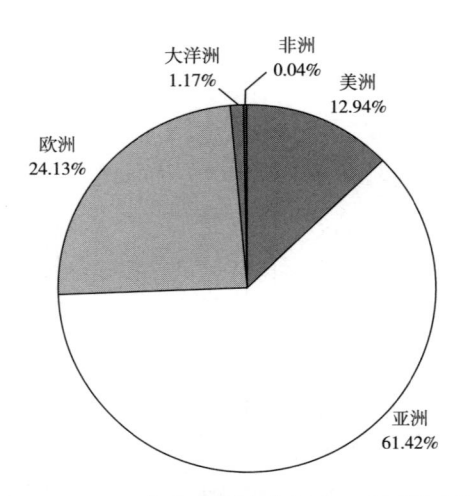

大洋洲 1.17%　非洲 0.04%　美洲 12.94%
欧洲 24.13%
亚洲 61.42%

图 6-4　2015 年印度创意产品进口主要供应地

资料来源：联合国贸易和发展会议数据中心。

创意服务方面，印度的主要创意服务贸易是电信、计算机和信息服务。增长迅速的印度银行、金融服务、电信和信息技术等行业对计算机服务有强劲的需求，这些行业使用计算机实现商务流程自动化，并建立全国范围的 IT 网络。2014 年，印度创意服务出口总额为 540.54 亿美元，其中电信、计算机和信息服务出口额为 523.71 亿美元，占整体出口总额的 96.89%；同年，印度创意服务进口总额为 38 亿美元，其中电信、计算机和信息服务进口额为 32.65 亿美元，占整体进口额的 85.92%。与创意产品出口贸易相同，印度创意服务出口贸易保持绝对优势，创意服务贸易保持顺差，2014 年，印度创意服务贸易顺差为 502.54 亿美元（如表 6-1 所示）。

表 6-1　2010~2014 年印度创意服务进出口情况

单位：百万美元

年份		2010	2011	2012	2013	2014
创意服务出口额		40128.0	46366.6	48435.3	53149.6	54053.7
知识产权使用费						
其他商业服务	调查与发展	899.7	752.7	953.6	1019.1	1276.1

续表

年份		2010	2011	2012	2013	2014
个人、文化和娱乐服务	视听及相关服务	232.1	140.1	303.4	505.1	406.3
电信、计算机和信息服务	电脑服务	38403.9	45298.8	46994.9	51448.6	52129.5
	信息服务	592.3	175.0	183.4	176.8	241.8
创意服务进口额		3007.9	2165.0	2943.1	3074.6	3800.1
知识产权使用费						
其他商业服务	调查与发展	318.6	217.8	258.1	258.9	314.9
个人、文化和娱乐服务	视听及相关服务	157.4	90.8	167.0	167.8	220.4
电信、计算机和信息服务	电脑服务	2175.9	1252.3	2106.5	2280.4	2882.0
	信息服务	356.0	604.1	411.5	367.5	382.8

资料来源：联合国贸易和发展会议数据中心。

第七章
重点行业市场发展现状

一　电影行业

印度拥有全球最大的电影行业[1]，年产 1500~2000 部电影，这些电影被译成 20 余种语言。印度电影行业的发展始于 19 世纪末，在一百多年的发展中，伴随着政局与经济的动荡变化，历经曲折。20 世纪 90 年代以来，印度电影行业发展迅猛，电影题材更加多元化。进入 21 世纪后，印度的电影年产量近 1500 部，拥有约 100 家制片厂和 1.3 万家影院。

（一）市场规模

2019 年印度电影行业产值约为 21 亿美元，年增长率约为 10%（如图 7-1 所示），2020 年印度电影行业产值为 24.7 亿美元[2]。这一增长主要得益于小城市综合体的发展、外国工作室对国内制作的投资、小众电影越发受到关注以及数字化的发展和其他收入的增长。

本土票房贡献了印度电影行业产值的大头（74%），第二位是有线和卫星版权费（如图 7-2 所示）。电影行业的线上、数字部分增长最快，2020 年的年复合增长率可能达到 15%。这一趋势主要受到电视电影需求量增加和手机覆盖率提高的影响。另外，家庭视频的收入降低主要由于盗版增多和数字平台的推广。家庭视频被直接到户电视（DTH）和互联网电视（OTT）上的视频点播取代。

---

[1] 按生产电影数量计算。
[2] "The Indian Film Industry"，Indywood，https://www2.deloitte.com/content/dam/Deloitte/in/Documents/technology-media-telecommunications/in-tmt-indywood-film-festival-noexp.pdf，最后访问日期：2019 年 12 月 15 日。

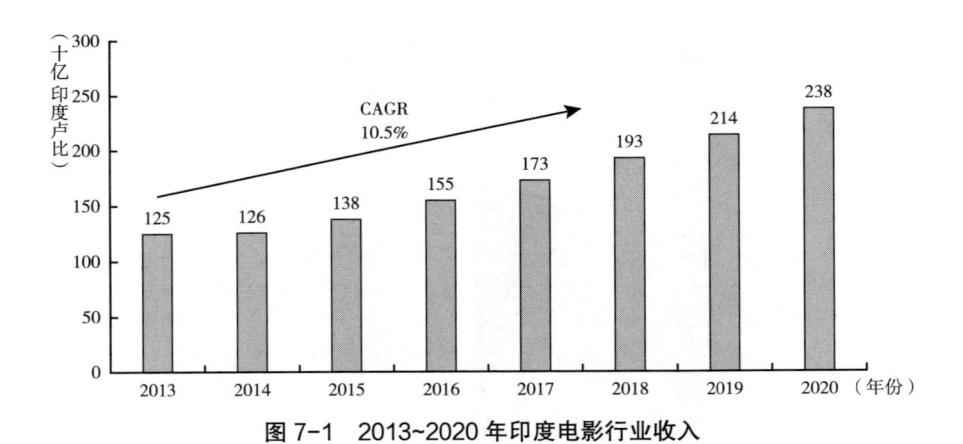

图 7-1 2013~2020 年印度电影行业收入

资料来源：德勤报告——印度电影电视产业经济贡献。

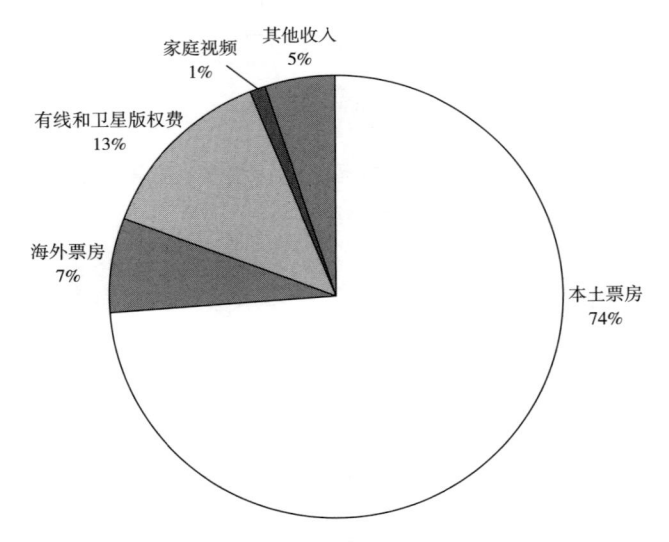

图 7-2 2016 年印度电影行业的分类收入占比

资料来源：德勤报告——印度电影电视产业经济贡献。

宝莱坞是印度电影行业的巨头，2016年贡献了行业收入的43%，地区影片和国际影片分别贡献了50%和7%（如图7-3所示）。根据票房收入数据，在地区电影（按语言划分）中，泰米尔语和泰卢固语收入占比最大，这两种语言的票房收入占净票房收入的36%，排在其后的是孟加拉语、埃纳德语、马拉雅拉姆语电影。目前国际影片的票房收入虽然不多,但是正在增长。这主要得益于英语和其他语言的使用者数量增加以及印度上映的国际影片数量增加。

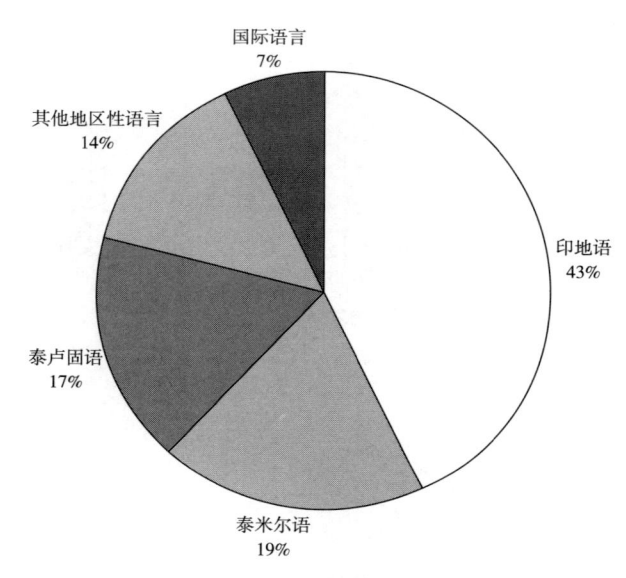

图 7-3　2016 年印度电影票房收入情况（按语言划分）

资料来源：德勤报告——印度电影电视产业经济贡献。

近年来,国际电影的引入成为印度电影市场的重要趋势。国际电影在印度电影市场的占比提升,几年前票房贡献率仅为 5%,2018 年票房贡献率已上升至 7%。德勤表示这一趋势的主要原因如下：国际电影开始使用印度的地区性语言；综合性和基础设施被改善；国际工作室通过并购和合作等方式进入印度,如华纳兄弟、迪士尼、福克斯和梦工厂在印度建立了推广办公室,并通过并购、合拍等方式与本土电影制作公司合作。

印度电影银幕发展方面,印度电影院主要分为单厅影院和多厅影院。近几年,单厅影院的放映条件老旧,而且难以妥善管理,已经不能满足印度人民日益增长的消费需求,并且印度很多邦政府对单厅影院票价也进行了限制,因而单厅影院的数量有很明显的减少（如图 7-4 所示）。多厅影院的票价虽然高于单厅影院,但上座率和收入情况却远好于单厅影院,多厅影院的票房收入占印度电影总票房的比例超过 40%。

图 7-4 2010~2017 年印度影院银幕发展情况

资料来源：INOX Investor Presentation August 2017。

印度电影并不等于位于孟买的宝莱坞（Bollywood）生产的电影，除此之外电影生产基地还有位于海得拉巴的托莱坞（Tollywood）、金奈的考莱坞（Kollywood）、喀拉拉邦的莫莱坞（Mollywood）和班加罗尔的桑达坞（Sandalwood），各地区的语言体系和电影风格都有差异，受众人群体量也各不相同。其中宝莱坞位于北印度的孟买，是印度最大的电影生产基地，主说印地语，宝莱坞电影票房每年大约占全国票房的 43%，而其他的四大电影行业基地均位于印度南部，其中考莱坞和托莱坞也各占全国票房的近 20%。

（二）知名企业

1. Reliance 媒体工作室

Reliance 媒体工作室（Reliance Media Works）是印度一家领先的媒体娱乐企业，业务涉及电影、媒体服务、电视内容制作和发行等多个领域。其总部位于孟买，在印度 78 个城市和英、美等国都有业务。

公司在电影和媒体服务领域的业务范围包括：电影处理和 DI；电影、音频恢复和图像增强；3D；数字制作；工作室和设备租赁；视觉效果；动画；广播、TVC 后期制作和故事片推广。其业务遍及印度、美国和英国，在整个电影和媒体服务价值链中为全球的制片公司、制片厂和广播公司提供端到端综合服务。公司运营着印度最大的电影院线，旗下的"大电影院"（BIG Cinemas）品牌遍布印度和美国，拥有430多块银幕，年观影人数约为3500万人。公司旗下子公司Big Synergy传媒也参与电视内容制作，除调整国际节目格式外，主要生产纪实性节目。

2. Eros 国际

Eros 国际（Eros International）是印度电影娱乐业的一家全球领先公司，由阿伦鲁拉（Arjan Lulla）于1973年在孟买成立。Eros 国际在全球范围内联合制作、收购和发行多种格式的印度语言电影。Eros 国际有2300多部多种格式的电影，另外还有700多部仅拥有数字版权的电影。

Eros 国际的业务遍布50多个国家和地区，在印度、英国、美国、迪拜、澳大利亚、斐济和新加坡均设有办事处。公司的目标客户包括13亿印度人，这是其印地语电影的主要目标群体。Eros 国际在孟买、新德里、迈索尔和金奈设有分销办事处。

3. Tips 工业有限公司

1975年，陶拉尼兄弟（Taurani brothers）开始与印度三大公司HMV、Music India 和 CBS 进行LP（长时间播放唱片）的交易，随后开办了公司。Tips 工业有限公司（Tips Industries Limited）的优势是音乐推广。目前，公司已拥有近3500张专辑，其中10张销量超千万，15张销量超过五百万，另20张销量超过百万。自1981年以来，与印度其他唱片公司相比，Tips 拥有全印度最多的黄金和白金唱片。

Tips 还拥有至少50部印度电影的原声带版权，每部电影的原声带版权成本约为一百万美元，另外还有一百万美元用于宣传。公司拥有自己的分销系统，其经销商团队为全国超过1000家批发商服务，这些批发商又进而服务超过40万家零售商。

Tips 还拥有两家国际认证的工厂，使用从意大利和丹麦进口的先进机器，如Otari、Lyrec 和Tape-Matics。工厂配备了数字磁带箱管理设施，采用即时库存管理系统，并使用内部物流设施每天向印度市场交付超过15万盒磁带。

Tips 在美国、阿联酋和英国拥有经营许可证，设有办事处。其业务还覆盖了南非、以色列和马来西亚。公司还拓展了电影制作领域的业务，开始尝试不同形式的发行，这符合 Tips 引领潮流的传统。

4. Yash Raj 影业

Yash Raj 影业（Yash Raj Films，YRF）由已故的印度资深电影人 Yash Chopra 于 1970 年创立。它是印度唯一一家完全一体化的私人电影制片公司，生产和制作了 80 多部电影。YRF 是一家拥有几十年历史的强大制作公司，业务涉及电影制作的各个方面，几乎控制着价值链的每个部分，从生产到后期制作、国内和国际发行、音乐和家庭娱乐、营销、设计、数字、授权、人才管理、品牌合作、音乐工作和电影工作等。这使其成为全国最令人垂涎的娱乐集团之一。公司在德里、贾兰德哈尔、斋浦尔、阿姆拉瓦蒂、印多尔、班加罗尔、塞孔德巴德、加尔各答、金奈和科钦、英国、纽约和阿联酋迪拜都设有办事处。

YRF 拥有自己的集成摄影棚、音响工作室，总部在孟买拥有一处主要地产。在过去的 50 年里，YRF 在印度电影行业中占据主导地位。YRF 的收入已经使其跻身全球制片公司的行列，成为全国最大的电影制作实体之一。

5. Dharma 制作公司

Dharma 制作公司（Dharma Productions）是印度最顶尖的电影制作公司之一，于 1976 年成立。该公司已经制作了超过 35 部电影，其中包括一系列大片和一些广受好评的电影。2016 年，公司净资产为 530 万美元，拥有 200 名员工，总部位于孟买。

6. PVR 有限公司

PVR 有限公司是印度最大的电影展览公司。自 1997 年成立以来，公司于 2012 年收购了 Cinemax，于 2016 年收购了 DT Cinema，每年累计服务 7600 万名观众。目前，公司在 60 个城市（19 个邦和 1 个联邦地区）运营 153 处房产和 711 块银幕的电影院线。

PVR 有限公司为观众提供了大量的电影格式和卓越的电影技术，如 IMAX、4DX 和 ECX（增强电影体验）。PVR 最近的新产品是 P[XL]，这是印度首款高端超大型国产大银幕格式。

集电影和零售于一体的 PVR 有限公司旗下有 PVR Cinemas、PVR Leisure 和 PVR Pictures 三家子公司。自 2002 年以来，PVR Pictures 一直负责非工作室制作的独立国际电影在印度的发行。十余年来，350 多部好莱坞电影、超过 175 部印地语电影、超过 75 部不同类型的地区性语言电影在这一子公司下发行。在印度，PVR Pictures 拥有独立外语电影最高的票房份额。这些子公司一直都在帮助总公司弥补主要影院供需上的差距，每年会发行 30~40 部电影。

二 广播电视行业

（一）广播电视行业概览

印度的广播事业创建于 1927 年。政府于 1930 年接管了广播事业，成立印度广播电台。1936 年 6 月 8 日，改名为全印广播电台。印度广播事业的发展，大致分为三个时期：第一个时期从英国政府接管印度广播到第二次世界大战开始；第二个时期是第二次世界大战时期；第三个时期是 1947 年独立以后到现在。广播在印度已经较为普及，全国拥有上千万台收音机，这为人们收听全印广播电台节目提供了方便。

电视行业是印度文化娱乐领域的重要行业，在印度有用 20 多种主要语言播出的 1000 多个节目。在全球化与市场化的背景下，印度的电视行业近年来经历了重要的变化。印度传媒发展大致可分为三个阶段：1959~1980 年的混合经济时期，为政府宣传教育工具时期；1981~1991 年为经济调整时期，传媒逐渐商业化；1992 年至今的全球化时期，该时期全球化、本土化、市场化与数字化共存，互惠发展。

1. 混合经济时期（1959~1980）

混合经济时期，印度电视传媒政策是封闭性的，是与政府对国家政治经济发展的思路相一致的。印度政府希望电视传媒能够为维护国家统一服务。受政策导向的影响，印度电视行业的发展非常缓慢。直到 20 世纪 70 年代，电视行业才覆盖到孟买等 6 个主要国内城市，1982 年才发展成为完整的电视网，电视能播出彩色电视节目。

2. 经济调整时期（1981~1991）

此时的印度电视传媒政策不再把国家控制和商业运作视为一种对立，这种改变催生了印度电视传媒新的发展模式，电视传媒成为各种利益群体共同发挥作用的联合体。发展印度电视传媒需要大量的资金投入，因此谋求商业投入和维护政府的主导权不仅不矛盾，而且是值得尝试的发展手段。

3. 全球化时期（1992年至今）

在全球化的浪潮中，改革成为印度电视传媒发展的强大动力。因此，这一时期的印度电视传媒政策体现出了以互惠为宗旨的变化特点。截至2016年，全国共有857个电视频道，其中付费频道184个。电视行业在印度媒体和娱乐产业中比重最大。

技术创新的发展、可支配收入的增加、政府推动数字化的努力等都将继续促进印度电视行业增长。电视的覆盖率早已达到75%。每月仅3美元的订阅费使电视成为印度娱乐业价格最亲民、最受青睐的媒体。印度电视台总计达857个，2017年的规模为108亿美元。

印度电视市场规模预计到2023年将超过130亿美元。市场的增长是由越来越多的独立家庭以及商业和酒店增长性需求带动的。截至2016年，印度有超过1.8亿户家庭拥有电视机，在未来这一数字还将继续增长。此外，蓬勃发展的电子商务和不断增加的消费者可支配收入也将进一步促进全国电视销售量的增长。

（二）市场规模

2018财年，印度全国电视行业的市场规模约为93.5亿美元，高于2017财年的85亿美元，预计2023财年该行业的市场规模约为169亿美元。①

印度拥有电视机的家庭数量排全球第三，仅次于中国和美国。受数字化

---

① "Market size of the television industry across India from FY 2017 to FY 2022", Statista, https://www.statista.com/statistics/795251/india-market-size-of-tv-industry/，最后访问日期：2019年12月11日。

预期红利的推动，广告收入正以 14.4% 的年复合增长率增长。[①]2016 年，得益于印度板球超级联赛（IPL）和 T20 板球世界杯等体育赛事的强劲表现，以及下半年推出的 4G 服务，电视广告收入以 11% 的速度稳步增长。

印度电视行业对于区域性一般娱乐频道（General Entertainment Channels，GEC）也十分重视。由于印度语言和文化的多样性，大量的区域性 GEC 与非印地语市场受众有着广泛的联系。印度区域性 GEC 的数量是国家 GEC 的四倍。由于与受众的联系成本较低，区域性 GEC 对电视广告商更具有吸引力。

泰米尔语、马拉雅拉姆语、泰卢固语、卡纳达语、孟加拉语和马拉地语是区域性 GEC 的主要语言。Sun TV Network 一直是印度南部电视市场的领先电视广播公司。推出国家地理和探索等信息娱乐频道的以泰卢固语和泰米尔语为主的国家广播公司在区域市场的占有率不断提升，而区域参与者正在通过利基频道增加其渗透力。

（三）知名企业

1. 索尼娱乐电视台

索尼娱乐电视台（Sony Entertainment Television），也被称为索尼娱乐电视私人有限公司或 SET 印度私人有限公司，是印度领先的娱乐电视台之一。自 1995 年成立以来，它制作了许多热门节目，并成功吸引了大量观众。如今，索尼娱乐电视台有一个 24 小时的印地语 GEC，提供完整的家庭娱乐。SET 覆盖了印度 4200 多万户家庭，在全球范围内拥有 3 亿观众，涵盖美国、非洲、中东、欧洲、加拿大、澳大利亚、新西兰、新加坡、尼泊尔、孟加拉国、马尔代夫和马来西亚等国家和地区。SET 是多屏幕媒体私人有限公司（Multi-Screen Media Pvt. Ltd.）和发现通信印度公司（Discovery Communications India）的合资企业 One Alliance 分销渠道网络的一部分。

[①] "Market size of the television industry across India from FY 2017 to FY 2022"，Statista，https://www.statista.com/statistics/795251/india-market-size-of-tv-industry/，最后访问日期：2019 年 12 月 11 日。

2. Zee 娱乐有限公司

Zee 娱乐有限公司（Zee Entertainment Enterprises Ltd.，ZEEL）是印度领先的电视、媒体和娱乐公司之一，也是世界上最大的印地语节目制作商和聚合商之一，拥有超过 12 万小时的电视内容。ZEEL 拥有 3500 多部电影的版权和世界上最大的印地语电影数据库。该公司在全球具有强大的影响力，在 169 个国家拥有超过 7.3 亿名观众。ZEEL 旗下的一些知名的频道包括 Zee TV、Zee Cinema、Zee Premier、Zee Action、Zee Classic、Ten Sports、Ten Cricket 等。

3. Star India

Star India 用 7 种语言播放 40 多个频道，涵盖肥皂剧、真人秀、新闻和电影等不同类别内容，在印度和其他 100 个国家每周观众数超过 6 亿人。

该公司的频道组合包括 Star Gold、Channel V、Star World、Star Movies、Star Utsav、Life OK、Movies OK 和 Star Plus，可以被视为印度第一大综合娱乐频道。Star India 在区域广播方面也处于领先地位，拥有多种附属频道，包括 Star Jalsha、Star Pravah、Asianet、Asianet Plus、Suvarna 和 Vijay。

4. Sun TV Network

印度最大的媒体集团 Sun TV Network 拥有超过 33 个高收视率的电视频道，覆盖印度 9500 多万户家庭。1991 年，它作为一家印度大众传媒公司起家，总部位于泰米尔纳德邦的金奈，主要使用四种南部地区语言（泰米尔语、泰卢固语、卡纳达语和马拉雅拉姆语）进行放送。Sun TV Network 已经推出了 7 个新的高清频道和 4 个新的 SD 频道，其中包括首个孟加拉语和马拉地语频道，这标志着该公司下属的 42 个频道进入北印度市场。截至 2017 年，公司的总收入为 3.8 亿美元。[1]Sun TV Network 的频道也可以在美国、加拿大、欧洲、新加坡、马来西亚、斯里兰卡、南非、澳大利亚和新西兰等 27 个国家和地区观看。

---

[1] "Corporate Information"，Sun TV Network，http://www.suntv.in/pdf/Finance/Annual_Report_for_the_Financial_Year_2017.pdf，最后访问日期：2019 年 12 月 15 日。

三　表演艺术行业

　　表演艺术通常是指艺术家利用身体的运动与其他物体及其声音配合的艺术表现形式。表演艺术行业包括戏剧、舞蹈、魔术、木偶、马戏艺术等。印度的表演艺术及其从业人员通常被认为是"娱乐业"的一部分，这表明社会对演艺的看法发生了范式转变。这种转变所传达的信息是，观众现在期望艺术以娱乐业定义的方式进行娱乐，而且它们必须成为有组织的行业的一部分。

　　在印度，舞蹈拥有2000多年的悠久历史。不同的舞蹈形式起源于印度的不同地区，并根据当地的传统发展起来。舞蹈的主题来源于传说、神话和古典文学，作为在表演中娱乐观众的一种形式。印度主要有如下几种舞蹈形式：古典舞、民间舞、部落舞和现代舞。

　　多年来，印度古典舞的知名度一直在下降。其中一个原因是观众对古典舞的关注度下降。宝莱坞出现了许多新的、西方的舞蹈形式，这些舞蹈形式尤其受到年轻人的青睐。

　　大多数宝莱坞电影的亮点在于精心制作的舞蹈。在过去的几年里，宝莱坞电影创造了标志性的舞蹈风格，融合了印度各种古典和民间舞蹈的传统，以及萨尔萨舞、嘻哈舞、伦巴舞、阿拉伯舞、爵士乐和拉丁舞的某些元素。宝莱坞舞蹈在美国、加拿大和欧洲等国家和地区的吸引力显著上升。由于印度海外侨民不断增加，以及大量外国人对大规模生产的服饰或奢华服装着迷，外国人和非印度居民对这种印度舞蹈形式表现出越来越多的兴趣。

　　戏剧是表演艺术的一个分支，它通过语言、音乐、手势、舞蹈和声音的组合，在现场观众面前表演故事。戏剧的形式包括歌剧、音乐剧、芭蕾舞剧、哑剧、古典印度舞蹈剧、木乃伊戏剧、歌舞伎、即兴戏剧、独立喜剧，以及后现代戏剧等。

　　印度戏剧在后独立时代经历了几次改革。目前，印度戏剧大多使用24种主要语言进行演出，包括英语和几种部落语言。尽管印度戏剧仍然很小众，但个人的才能使得戏剧的种类十分丰富。尽管其他艺术形式十分受欢迎，但戏剧仍然吸引大众。随着各种现代娱乐形式的出现，特别是社交媒体和网络游戏的流行，剧院在人们心目中的地位日渐下降。即便如此，这些年来戏剧的艺术形式一直在稳步发展和演变。它是当代印度最有力的表达方式之一。在过去的几年中，越来越多的著名戏剧奖项和节庆活动提升并丰富了戏剧的价值。一些制片公司也承担了戏剧及剧院商业化发展的责任。

最近，戏剧界中一种新的文化现象正在酝酿发展——创造和分享新的作品。在年轻一代的领导下，这一趋势为新形式的戏剧开辟了令人兴奋的可能性。戏剧正被重新发现，也面临新的挑战。从德里的 Tadpole 剧目、孟买的 Patchwork 剧场、Jyoti Dogra 和她的作品、阿萨姆邦的 Badungduppa Kalakendra 到浦那的 Natak 公司，年轻的剧团、演员取得了喜人的发展成绩，也乐于挑战新的形式和内容。为了恢复印度戏剧的辉煌，Zee 娱乐有限公司推出了一种新的发展模式，称为 Zee Theatre，以促进印度的戏剧艺术形式发展。

（一）市场规模

相关数据显示，2018 年印度表演艺术行业的年复合增长率达 2.5%，行业产值达到 2750 亿卢比（约 40 亿美元）。增长的主要驱动因素包括戏剧和舞蹈团体创新的筹资形式、国际上对印度文化需求的增加以及政府对行业扶持力度的不断加大。

吸引私人投资潜力小、对艺术家技能提升的制度约束、基础设施建设和维护不足、对传统表演形式的依赖是该行业面临的主要挑战。政府需要采取一些措施来改善行业的发展现状，因为表演艺术是社会生活中的一个大部分。目前，越来越多的戏剧、舞蹈在国内外的亮相，新技术和大环境的升级，全球需求的增长，以及各种表演形式的出现，都为该行业提供了前所未有的充足机会。智慧城市内创意集群的发展也将为该行业提供更多机会。

（二）知名企业

1. Teamwork Arts

该制作公司在表演艺术行业有着深厚基础。其专长在娱乐领域，业务包括制作纪录片和故事片、促进当代表演和视觉艺术的概念化发展、组织世界各地的文学节以及在各种艺术形式中培养创新人才。公司与来自世界各地的各类艺术家共同策划开发艺术节和节目。此外，公司还加强了对现有国际艺术节的规划，帮助它们与印度艺术相结合。同时，公司也与不同流派和领域的艺术家在音乐、舞蹈、文学、戏剧等领域展开合作。自成立以来，该公司一直在印度和国外文化艺术领域为印度最优秀的表演者、作家和视觉艺术家提供施展才华的平台。

2. Nritarutya

Nritarutya 成立于 2000 年，是印度最重要的舞蹈公司之一，其创新、深入人心和空灵的舞蹈形式，拓展了人们对舞蹈的认知。同时，公司有一个教育部门，并通过一系列培训和发展项目为年轻一代的舞蹈爱好者提供机会。Nritarutya 一直在印度和全球最大的平台上表演。其舞蹈受印度古典和民间形式的启发，肢体语言更具现代性，能与每一种文化产生共鸣。

3. Saregama India Limited

Saregama India Limited 是一家音乐公司，成立于 1946 年，总部位于加尔各答。公司主要从事电视连续剧的制作。公司业务包括音乐、电影/电视连续剧、出版和营销支持服务。音乐部门生产和销售音乐磁带、CD 或数字光盘，并处理相关的音乐版权事宜。电影/电视连续剧部门从事电影/电视连续剧、预录节目的制作、销售，电视广播的播放以及电影版权的经营。出版部门从事印刷材料的印刷。营销支持服务部门的业务包括活动管理服务、公共关系服务、品牌咨询和管理或创意服务以及数字营销。

4. Silly Point Productions

Silly Point Productions 是当今印度优秀的戏剧制作公司之一，位于印度金融中心孟买。该公司的戏剧与青年人紧密联系，自 2008 年以来，其一直处于喜剧行业的前沿。公司的演出使用三种语言，即英语、印地语和古吉拉特语，这在印度演出市场是罕见的。Silly Point 是戏剧工作坊中最受欢迎的一个团体，每年暑假和节庆日都会在国家表演艺术中心教授表演和戏剧技巧，还会在孟买和印度其他地区的学校举办年度性的活动。

5. Rage Productions

从 1992 年开始，Rage Productions 不仅吸引了全印度的观众，在比利时、德国、荷兰、马来西亚、阿曼、新加坡、韩国、斯里兰卡、阿联酋、英国和美国也颇受欢迎。该公司也是剧本创作项目——作家集团（Writers'Bloc）（与英国皇家宫廷剧院、英国文化教育委员会和Jindal集团合作）背后重要的力量。该项目自2001年实施以来，已有50名新兴剧作家接受了培训，41名印度剧作家的剧目在作家集团主办的艺术节进行首演。2012年，其中5部戏剧在英国皇家宫廷剧院的一周读书会上进行了演出。为了庆祝该项目15周年，2016年英国文化教育协会委托Rage Productions在印度的9个中心展示了13部戏剧。Rage Productions还为公司客户举办大型活动，并举办专门的戏剧工作坊活动。

四 印刷行业

作为四大文明古国，印度有着悠久的历史和丰富的文化积淀。18世纪出版的《孟加拉公报》是印度第一份本土报纸，当时的印度尚在英国的殖民统治下。这家短命但极具影响力的报纸为其他报纸、杂志、书籍、出版社的发展奠定了基础。如今，该行业由超过25万家企业和出版中心组成，2011年至2016年以7.8%的增长率稳定增长。预计2018~2023年的年复合增长率将为5.9%左右。[①]

（一）市场规模

印度印刷行业产值在2016年达到41.6亿美元（约3033亿卢比）（报纸和杂志，不包括数字媒体），增长率为7%。[②] 根据2016~2017年毕马威发布的一份报告，这一增长是由区域性语言报纸消费增加推动的，其次是印地语和英语报刊的消费增加，三种报刊分别增长9.4%、8.3%和3.7%。英语报纸

[①] "India Media and Entertainment Industry Report 2017", KPMG India—FICCI, https://assets.kpmg.com/content/dam/kpmg/in/pdf/2017/04/FICCI-Frames-2017.pdf, 最后访问日期：2020年1月5日。

[②] "India Media and Entertainment Industry Report 2017", KPMG India—FICCI, https://assets.kpmg.com/content/dam/kpmg/in/pdf/2017/04/FICCI-Frames-2017.pdf, 最后访问日期：2020年1月5日。

的读者主要分布在一级城市，印度大约有 10% 的人口讲英语①，剩下的 90% 使用地区性日报的服务。城市数字媒体的普及也影响了英语报纸的发展。在收入方面，地方广告是传统报纸的主要收入来源。除了一些具有利基内容的杂志，如《商业世界》、《电影票价》和《今日印度》等，实体杂志在数字化时代也面临流通等方面的挑战。印刷业从 2011 年到 2016 年保持 7.8% 的稳定增长的其中一些原因如下。

- 识字率的提高：印度的识字水平从 2001 年的 64.8% 提高到 2011 年的 72.99%，②这为该行业扩大了目标市场。
- 超级本地化：印度是一个多文化、多语种的国家，区域性语言报纸非常受读者欢迎，特别是印地语、马拉地语、乌尔都语、古吉拉特语、马拉雅拉姆语、泰米尔语和泰卢固语等。读者群较大的地区性日报吸引了更多的本地广告商。2016 年，印度大约 38% 的广告支出来自报纸。③
- 具有竞争力的价格：印度报纸价格低廉，价格远低于国际同类报纸，因此读者群更广。

除了报纸和杂志，就出版业而言，2015~2016 年，印度的图书市场价值达 35.8 亿美元，已成为世界第六大市场和第二大英语图书市场。④据尼尔森的

---

① "The future of India's newspapers lies in the hinterlards"，Quartz India，https://qz.com/india/643982/the-future-of-indias-newspapers-lies-in-the-hinterlands/，最后访问日期：2021 年 8 月 30 日。

② "Number of Literates & Literacy Rate"，Office of the Registrar General & Census Commissioner, India，http://censusindia.gov.in/Census_Data_2001/India_at_glance/literates1.aspx，最后访问日期：2020 年 1 月 13 日。

③ "India Media and Entertainment Industry Report 2017"，KPMG India—FICCI，https://assets.kpmg.com/content/dam/kpmg/in/pdf/2017/04/FICCI-Frames-2017.pdf，最后访问日期：2020 年 1 月 5 日。

④ "Indian book market to touch Rs 739 billion by 2020: Survey"，The Economic Times，https://economictimes.indiatimes.com/industry/media/entertainment/media/indian-book-market-to-touch-rs-739-billion-by-2020-survey/articleshow/49996781.cms，最后访问日期：2020 年 1 月 21 日。

估计，出版业现在的价值为66.6亿美元。多年来，出版业面临许多问题，数字化一直是其中的一个关键挑战。印度是世界上第二大英语图书出版市场，拥有9000多家出版商，然而，随着电子书和其他电子阅读产品等进入市场，超过70%的出版商不得不将其内容数字化。此外，2015年尼尔森印度图书市场报告显示，图书为电子商务网站创造了机会，占电子商务总贸易的15%，仅次于电子产品（34%）和服装及配件（30%）。

其他挑战包括出版和图书销售的分散、分销系统的混乱、信贷的周期长、直接成本的增加等，但最大的障碍之一还是盗版。

（二）知名企业

1. Jagran Prakashan 有限公司

Jagran Prakashan 有限公司（Jagran Prakashan Limited，JPL）是印度领先的出版社，其出版物以5种不同的语言分布在15个邦，在印度有100个版本。JPL于1975年7月18日作为一家私人有限公司成立，之后根据《公司法》第43A条成为一家上市有限公司，总部位于北方邦坎普尔。该公司出版了印度发行量最大的印地语日报 *Dainik Jagran*。*Dainik Jagran* 的全印度读者人数达1.66亿人。JPL还出版了一份英语的日报——*Mid-Day*，该报在孟买、浦那和班加罗尔等城市发行量很大。为了适应时代的变化，JPL还开拓了数字媒体领域业务，将诸如 Jagran New Media、Jagran.com、jagranjosh.com 等品牌纳入其中。

2. The Times 集团

本内特·科尔曼有限公司（Bennett Coleman and Company Limited），最常被称为 The Times 集团（The Times Group），是印度最大的传媒集团。它出版了印度最大的英文日报《印度时报》（*The Times of India*, TOI），全印度读者约为7500万人。这份报纸的出版始于1838年，当时被称为《孟买时报》和《商业日报》。它最初是一份周报，在1850年改为日报。该报于1861年被命名为《印度时报》，在全国范围内获得了更大的影响力。

The Times 集团共发行了至少20种不同的出版物，包括《经济时报》（*The Economic Times*）、《班加罗尔镜报》（*Bangalore Mirror*）、《孟买镜

报》(*Mumbai Mirror*)、《纳夫巴拉特时报》(*Navbharat Times*)、《巴拉格》(*Parag*)、《印度画报》(*The Illustrated Weekly of India*)等。

3. 企鹅印度

企鹅印度（Penguin India）成立于 1985 年，是印度次大陆最大的英语出版商。每年大约有 250 本企鹅的新书出版，其主要以经典小说、现代小说以及叙述性非小说类书籍而闻名，出版传记、旅游、商业、政治、历史、宗教和哲学、生活方式、烹饪、健康和健身、体育和休闲、插图和儿童相关的书籍等。

企鹅印度引以为豪的作家名单中有一些印度著名的作家。名单还收录了三部布克奖获奖小说[①]作者，以及获得诺贝尔奖、萨希塔·阿卡德米奖和英联邦作家奖等文学奖的作者。企鹅印度的作家也曾获得印度最高文职荣誉——巴拉特·拉特纳奖章（Bharat Ratna）和帕德玛·维布珊奖章（Padma Vibhushan）。

企鹅应用程序于 2011 年推出，每年出版超过 2200 本电子书，这使企鹅印度拥有印度最高的宣传价值。为了推广阅读，企鹅印度组织了企鹅年度讲座、为期十天的露天图书馆和名为"Spring Fever"的文学节。

4. 剑桥大学出版社

剑桥大学出版社（Cambridge University Press）隶属于剑桥大学。它旨在追求国际最高水平的教育，实现在学习和研究中传播知识的使命。出版社在全球拥有 50 多个办事处。在印度，它在出版业中起着主导作用。

剑桥大学出版社一直在为几乎每门学科和每一个层次的课程提供材料，包括在线评估和资源，以及为教师提供培训服务。其在工程、天文学、生物学、物理学、数学、医学、政治、社会学、历史、经济学、人类学和安全研究等领域都是主要的出版机构。其语言学习计划通过出版印刷品、数字和在线材料支持英语教学和评估，以满足整个印度次大陆的要求。出版社也为小到学前儿童，大到高中生、大学生、成人学习者、研究人员、从业者和学术团体开发和出版内容。

---

① 三部布克奖获奖小说分别是《微物之神》(*The God of Small Things*)、《失落之遗产》(*The Inheritance of Loss*) 和《少年派的奇幻漂流》(*Life of Pi*)。

5. 麦克米伦印度有限公司

麦克米伦有限公司是世界上最大、最受欢迎的出版商之一。它出版具有高质量的学术、教育、小说和非科幻的内容，其中涉及教育教材、科学书、技术和医学书、大学教科书、字典和参考资料。该公司的主要目标市场是印度、北美、英国和日本，并进一步计划扩大其特许经营规模，提高其核心教科书业务的资本效率。

麦克米伦印度有限公司（MacMillan Publishers India Ltd.）成立于1970年。公司业务涉及出版、信息处理和电子商务。麦克米伦出版部负责出版学校和高等教育机构的教科书、参考书和一般书目。其信息处理部门参与排版和发稿服务。其电子商务部门Emacmillan参与在线教育门户开发、网页设计、电子商务和提供IT解决方案等业务。

6. S. Chand Publishing

S.Chand Publishing是印度历史最悠久、业务分布最广泛的出版和教育服务企业之一，成立于1939年，总部设在新德里。公司出版初级和高等教育书籍，业务分布在南亚、东南亚、中东和非洲。

2013年，《福布斯》印度版将其评为教育领域增长最快的公司，该集团声称在40000所学校和教育机构的2000万学生中销售了15000万本图书。它运用DS Digital多样化的技术解决方案，实施了一个与学校技术相结合的完整的教育项目Destination Success Program。它还提供一种基于平板电脑的学习项目S.Chand Intellitab。

五 动画行业

近年来，印度动画行业不断发展，动画和视频特效广泛应用于电视、电影、广告、医学、培训和教育、电子学习、法律和保险、3D可视化、建筑等领域。该行业的另一个有趣的业务是为计算机、互联网、移动设备、游戏机（如PlayStation和Xbox）创建和设计在线游戏。作为一个拥有众多国际外包项目、需要不断发展技术的行业，该行业对技术娴熟的专业人士有着常态性的需求。

（一）市场规模

印度动画行业收入在2016年增长了7.9%，高达2100万美元。2011年至2016年，动画知识产权（IP）制作正以接近8%的年复合增长率快速发展。2016年，动画IP制作同比增长8.7%[1]。表7-1显示了该行业的发展情况。

表7-1 印度动画行业发展情况

单位：十亿印度卢比，%

分类	2012	2013	2014	2015	2016	2016年同比增长率	2017P	2018P	2019P	2020P	2021P	2016~2021年年复合增长率
动画服务	7.6	8.0	8.1	8.3	8.9	7.3	9.7	10.8	12.1	13.2	14.2	9.8
动画IP制作	4.5	4.7	5.1	5.6	6.1	8.7	6.8	7.5	8.2	8.7	9.5	9.3
总计	12.1	12.7	13.2	13.9	15.0	7.9	16.5	18.3	20.3	21.9	23.7	9.6

资料来源：KPMG in India's analysis and estimates, 2016~17。

2016年，来自国际电视（TV）用户的项目流入推动了动画行业的发展，国际电影的动画服务也出现了健康增长。外包电视和电影项目的总收入约占印度动画服务总营业额的85%[2]。

展望未来，这一增长趋势将会延续。国际委托项目增加的同时，尽管规模较小，国内服务市场也呈现出强劲的增长趋势。根据2017年出版的《FICCI-KPMG媒体和娱乐报告》，到2020年印度的动画行业价值可以达到约157亿美元。

2021年，外包电视项目将继续主导动画行业市场。此外，游戏、增强现

---

[1] "India Media and Entertainment Industry Report 2017"，KPMG India—FICCI，https://assets.kpmg.com/content/dam/kpmg/in/pdf/2017/04/FICCI-Frames-2017.pdf，最后访问日期：2020年1月5日。

[2] "India Media and Entertainment Industry Report 2017"，KPMG India—FICCI，https://assets.kpmg.com/content/dam/kpmg/in/pdf/2017/04/FICCI-Frames-2017.pdf，最后访问日期：2020年1月5日。

实（AR）、虚拟现实（VR）、模拟培训等其他类别的业务份额可能会从2016年的1%增长到2021年的2%，而广告的份额将可能从11%增至14%（如图7-5所示）。

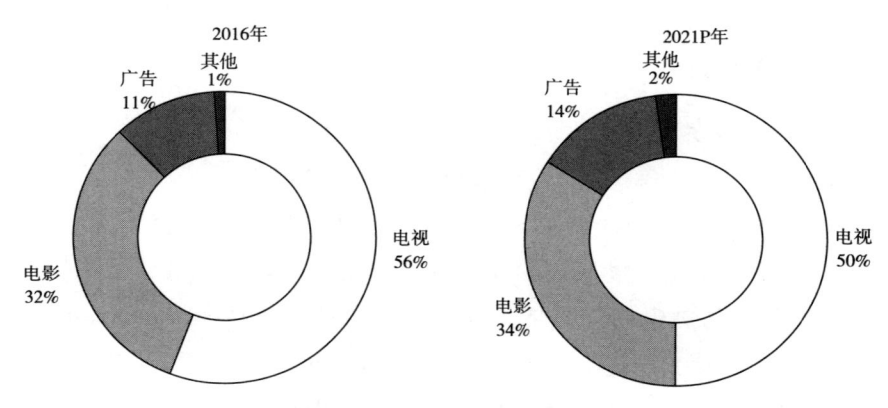

图7-5 动画行业各部分比例分布

印度动画行业驱动因素主要如下。

第一，动画服务外包业务增加。印度是国际市场中动画行业服务提供国的首选之一，印度拥有价格合理且高素质的动画领域专业人士，能够提供高端技术服务，使来自世界各地的公司执行大量项目。印度正在逐渐成长为一个具有国际竞争力的动画制作服务外包中心，迪士尼、华纳兄弟和索尼等全球巨头已经将动画人物和特效制作外包给印度相关的动画公司。

第二，印度企业向价值链上游移动。传统的外包设计不再是印度动画工作室的主要业务，大型工作室正逐渐在全球市场上崭露头角，印度动画公司已经开始拥有和生产知识产权。此外，印度动画企业越来越多地与国外企业进行联合制作，这增加了印度企业获得巨额利润的机会。同时，随着视觉特效在宝莱坞使用量的增加，该行业有望得到更快发展。最近的一个例子是印度电影《巴乌巴利》，其在2017年创造了25亿美元的总收入。

第三，印度专业技能培训项目增多。创意和技术人才的培养对于印度动画行业的发展具有重要作用。印度国内创意技术、动画和视觉特效培训项目不断增多，为印度动画行业发展培养了大量人才。在孟买、金奈、班加罗尔、海得拉巴和特里凡得琅等城市，领先的广告和媒体机构提供了大量动画和数字制作的个人培训项目，这使得这些城市成为全国主要的动画中心。

（二）重要企业

1. Maya 数字工作室

Maya 数字工作室（Maya Digital Studios，MDS）是一家印度动画工作室，提供高质量的 3D 动画、二维动画以及立体三维内容转换。如今，Maya 数字工作室是印度最大的动画内容原创者。其已经展示了构思和制作复杂故事的动画电影的能力，如《罗摩衍那：史诗》（Ramayana: The Epic）。因此，除了专注于高端动画外包，Maya 数字工作室还专注于高端原创动画内容的开发，是印度动画业创新和前沿技术的代表。其最新产品《莫图帕特鲁》（The Adventures of Motu Patlu）、VIR - Robot Boy、《梦幻姻缘》（Eena Meena Deeka）和《战争诗人》（Kisna）在印度儿童影视领域受到高度关注。

2. Pentamedia 图片有限公司

Pentamedia 图片有限公司（Pentamedia Graphics Ltd.）是一家动画技术公司，是全球领先的电视内容企业之一，制作了 7 部真人秀和 7 部动画电影、5000 小时特效和 2000 小时的电视内容。公司总部位于金奈，其业务多年来已扩展到媒体、动画、软件技术、网络和体育娱乐等领域。

3. Toonz 动画

Toonz 动画（Toonz Animation）是 Toonz 传媒集团（Toonz Media Group）旗下的动画事业部门，专门从事 IP 创作、开发和制作。作为印度动画领域的先驱，Toonz 动画如今已经成为世界上最优秀的动画工作室之一。凭借来自世界各地的优秀创意和技术专家团队，Toonz 动画目前在印度、西班牙、土耳其和新西兰拥有一流的生产设施。与迪士尼、特纳、尼克罗登、发现号、索尼、环球、英国广播公司、派拉蒙、马维尔、谷歌、Hallmark、RLL、RAI 电视台、法国电视台、澳大利亚 ABC 电视台、基卡德国、朝日电视台等多个全球公司及电视台成功合作制作了超过 10000 分钟的二维和三维动画内容。

六 游戏行业

印度游戏行业正日益壮大，电子商务巨头如阿里巴巴，初创企业 Paytm 和香港的 AGTech 控股公司推出的游戏平台 Gamepind，腾讯参股的传奇游戏、使命召唤和魔兽世界等游戏公司，也计划在印度投资游戏。中国游戏公司游族也在印度推出了本地休闲策略游戏。总部位于越南的 Stom Studio 还与移动游戏发行商 Gamesbond 合作，在印度开发移动手游。

（一）市场规模

印度是世界上移动游戏市场的前五大国家之一，目前拥有 250 多家游戏开发公司，每月至少有两家新公司成立。[1] 当前，印度游戏行业产值达到 8.9 亿美元[2]，据估计，到 2023 年，印度的移动游戏市场规模将达到 30 亿美元。[3] 移动游戏普及率的上升得益于更合理的手机价格。

印度游戏市场的收入来自消费市场和服务市场。游戏行业包括四个部分：游戏机、移动、PC 和在线。游戏机的份额最高，其次是手机。与动画类似，游戏行业的大部分收入也来自外包服务。

印度游戏市场的关键推动力如下。

第一，外包业务增加。作为服务外包大国的印度，能够提供低成本且高质量的游戏开发服务，美国、英国和其他发达国家的游戏开发成本远高于印

---

[1] "How Digital Gaming In India Is Growing Up Into A Billion-Dollar Market", Forbes, https://www.forbes.com/sites/suparnadutt/2018/03/09/how-online-gaming-in-india-is-growing-fast-into-a-billion-dollar-market/#6e03ef155b62, 最后访问日期：2020 年 3 月 1 日。

[2] "Indian gaming industry to grow in double digits: MOS IT", Times of India, https://timesofindia.indiatimes.com/business/india-business/indian-gaming-industry-to-grow-in-double-digits-mos-it/articleshow/56959809.cms, 最后访问日期：2021 年 8 月 30 日。

[3] "Mobile gaming market in India to touch $3 billion by 2023", The Hindu Business Line, https://www.thehindubusinessline.com/info-tech/mobile-gaming-market-in-india-to-touch-3-billion-by-2023/article34090995.ece, 最后访问日期：2021 年 8 月 30 日。

度，这些国家的许多游戏企业都将游戏艺术和开发解决方案外包给印度。

第二，外资大量流入。印度是全球排名前五的在线移动游戏国家之一，被认为是游戏行业极具发展潜力的新兴市场，吸引了大量外资流入。国际知名游戏公司法国育碧在印度设立了游戏开发工作室，美国视频游戏发行商"摇滚明星游戏"（Rockstar Games）2019年收购了总部位于班加罗尔的印度视频游戏开发公司"德鲁瓦互动"（Dhruva Interactive）。2017年，中国阿里巴巴控股的博彩服务公司亚博科技控股与印度第一大移动支付公司 Paytm 推出游戏平台"Paytm 第一游戏"（Paytm First Games）。

第三，（全球和国内）对游戏的需求增加。在全球范围内，游戏行业预计将继续增长，特别是随着大量多玩家在线角色扮演游戏（MMORG）的兴起，如 Teenpatti（一款非常受欢迎的印度游戏）。这将为印度企业提供更多的开发、测试和软件系统移植工作。随着手机和互联网普及率和人们的支付能力的不断提高，加上游戏价格的不断下降，印度的游戏，尤其是手机游戏的市场份额有望上升。最近，人工智能的探索也为年轻人在网络游戏中体验虚拟现实创造了更多的需求。

由此可见，印度游戏行业具有巨大的发展潜力。然而，它还面临以下挑战。

（1）人才短缺。由于在很多的地方几乎没有培训机构以及课程不规范，学生选择动画和游戏相关工作作为职业的意识和可能性较低。

（2）文化限制。在印度，动画的受众仍然局限于儿童。印度市场对国产动画电影的接受度并不高。动画的制作成本相对较高，且与广告费率的回报率不相称。政府支持不足也影响了该行业的发展。Viacom 18 和 Disney[1] 等广播公司一直在争夺新内容和与动画工作室的合作关系。由于市场对儿童内容的巨大需求和儿童在线时间的增加，一些针对儿童的频道如 Chuchu TV、CVS 3D Ryme、Wow Kidz 等已经被推出。

尽管如此，随着无线连接设备的增加，以及智能手机、平板电脑等连

---

[1] "India Media and Entertainment Industry Report 2017"，KPMG India—FICCI，https://assets.kpmg.com/content/dam/kpmg/in/pdf/2017/04/FICCI-Frames-2017.pdf，最后访问日期：2020年1月5日。

接设备的普及率不断上升，印度游戏业正从主机游戏转向移动游戏领域。移动游戏在该国的游戏行业中的收入约占 50%。此外，技术进步和对现实移动游戏的需求增长预计将推动该市场向虚拟游戏方向发展，而虚拟游戏又有望反过来推动印度的移动游戏市场。未来几年，印度政府将更加重视应用游戏在不同领域的技能提升，这也将推动印度移动游戏市场的发展。因此，游戏开发公司正专注于现实的移动游戏，以增强印度各地的用户体验。

（二）知名企业

1. Octro Inc.

Octro Inc. 成立于 2006 年，其使命是为移动设备开发生产力应用程序，是印度在线游戏行业的顶尖公司之一。在开创了第一个移动 IP 语音聊天软件 Octro Talk 之后，该公司创新性地建立了移动游戏平台。2014 年，知名投资机构红杉资本（Sequoia Capital）对 Octro Inc. 进行了投资。Octro Inc. 的游戏包括 Teen Patti、Indian Rummy 和 Tambola，它们在苹果 iOS、谷歌 Play 和 Windows Phone 等平台上的下载量都排名前列。

2. Nazara 科技有限公司

Nazara 科技有限公司（Nazara Technologies Limited）是一家总部位于孟买的移动游戏公司，主要从事印度、中东、非洲、东南亚和拉丁美洲等新兴市场的移动游戏的收购、增值和分销工作。其业务包括订阅业务、免费增值业务和电子体育业务。旗下拥有许多独立的子公司，如 Next Wave 多媒体（Next Wave Multimedia）、Nodwin 游戏（NODWIN GAMING）以及众多投资公司，包括 Hashcube Inc.、MasterMind Sports Limited、Moonglabs Technologies Private Limited 和 Halaplay Technologies Private Limited。

3. Dream11

作为 D 系列基金资助的创业公司，Dream11 成立于 2008 年。Kalaari Capital、Think Investments、Multiples Equity 和腾讯是 Dream11 的主要投资者。Dream11 是印度最大的体育游戏平台，4000 万用户在此平台上玩梦幻板球、足球、卡巴迪和 NBA 游戏。Dream11 的用户可以创建一个由真实玩家组成的虚拟团队，并根据这些玩家在真实比赛中的表现来赚取积分，将用户与他们喜爱的运动更深入地联系起来。Dream11 也是世界顶级体育联盟的官方合作伙伴，如英雄 CPL、英雄 ISL 和 NBA。

4. 99Games

99Games 成立于 2008 年，位于卡纳塔克邦的乌杜皮，是印度领先的国际游戏开发商和发行商。99Games 已经推出了超过 22 个游戏，迄今为止全球下载量超过 7000 万次。它开发了印度最成功的赚钱游戏"明星厨师"和印度下载量较高的游戏"Dhoom:3"。99Games 还从梦孵化器（Dream Incubator）、卡拉里资本（Kalaari Capital）和 Ascent 资本（Ascent Capital）等优质机构投资者那里筹集了多轮投资。

七 手工艺品行业

在工业发展之前，手工艺品行业这一行业对印度来说是一种潜在的经济优势。作为一个拥有丰富文化、历史和传统的国家，手工艺品行业对印度经济非常重要，因为它是印度最大的就业来源之一，其产品在印度的出口中占有重要的份额。大部分出口的手工艺品来自各邦和地区。超过 700 万名的地区工匠和 6.7 万家[①]的进出口商在国内和全球市场推广地区艺术和手工艺。

（一）市场规模

2017~2018 年，印度的手工艺品出口额达 35 亿美元。各类手工艺品出口额出现增长，如披肩出口额为 66 万美元，手印纺织品和围巾出口额为 5.988 亿美元，香棒和香附（非酒精香水）出口额为 1.4982 亿美元，绣花和钩编产品出口额为 5.0617 亿美元。[②]

---

① "Indian Handicrafts Industry & Exports"，IBEF（Indian Brand Equity Foundation），https://www.ibef.org/exports/handicrafts-industry-india.aspx，最后访问日期：2020 年 3 月 17 日。
② "Indian Handicrafts Industry & Exports"，IBEF（Indian Brand Equity Foundation），https://www.ibef.org/exports/handicrafts-industry-india.aspx，最后访问日期：2020 年 3 月 17 日。

在印度和中国等国家，手工艺品制作精美，国际市场上的需求量较大。外国的资金是该行业的主要收入来源。因此，各国都在大力发展手工艺品行业，以增强经济实力。印度前十大手工艺品出口地区是美国、英国、阿联酋、德国、法国、拉丁美洲国家、意大利、荷兰、加拿大和澳大利亚。印度对外贸易占全球市场的1.2%，而该行业在印度出口总额中的占比为1.51%。[①] 图7-6为印度手工艺品出口促进委员会发布的1986~2018年手工艺品出口情况。如前所述，出口额整体呈增长趋势，2017~2018年出口额为2302936万卢比。

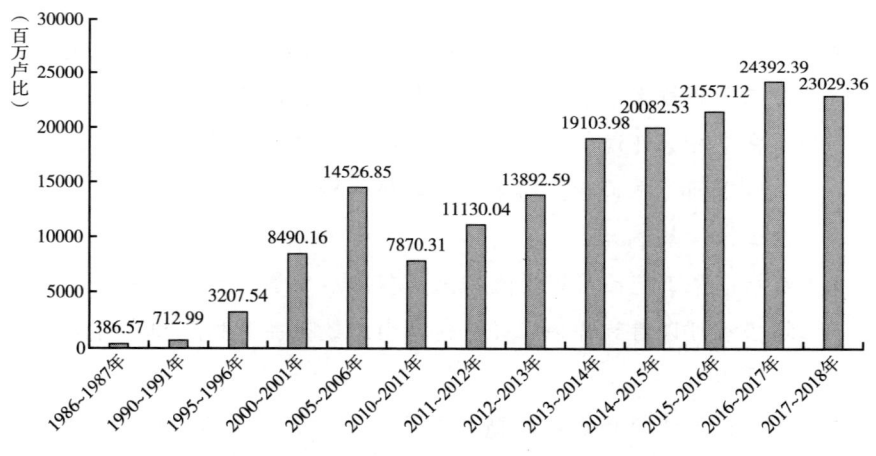

图7-6　1986~2018年印度手工艺品出口情况

资料来源：印度手工艺品出口促进委员会（EPCH）。

印度手工艺品向世界展示了印度丰富的遗产和文化，对经济和就业的贡献不容忽视。但随着工业经济的发展，各种机械化产品出现，在一定程度上替代了传统手工艺品，危及印度手工艺品行业的发展。该行业的可持续发展面临一些困难和挑战。以下是该行业的特点及其变化趋势。

● 加工和采购原材料：早期，由于工艺发展与当地可用材料之间密切

---

① "Indian Handicraft Industry"，Jodhpur Handicrafts Exporters' Association，http://www.jhea.in/indian-handicraft-industry，最后访问日期：2020年3月21日。

相关，工匠使用的原材料基本上是可以获取的。随着时间的推移，当地传统的采购结构因有组织的工业竞争而被打破；工匠们发现很难以他们负担得起的价格购买优质的原材料。在缺乏原材料储备的情况下，这些当地工匠被迫依赖当地贸易商进行采购，这些贸易商根据订单提供高价格的原材料或转向非传统的原材料。
- 聚集和中间人交易：中间人将分散的产品聚集，实现运输、储存和零售方面的规模经济。由于基础设施落后，缺乏沟通，产品难以整合。这导致了手工艺品供应链的延迟，进一步阻碍了工匠进入市场。
- 无组织生产：手工艺品制作的技术和过程因工艺而异。传统上，生产工艺和技术是由同一家族代代相传的。即使有工匠组织，工匠也通常在社区环境中生产。手工艺品的生产大多是季节性的，在收获季节期间，手工艺品的生产活动将暂停，因为大多数工匠也从事农业工作以谋生。
- 市场：手工艺品可以通过本地零售商店销售。即使在今天，本地市场仍然可以看到许多工匠。这是由于缺乏品牌推广和广告来提升供应量。
- 需求：全球市场面临激烈的竞争。手工艺品通常被认为是传统的、老式的，与现代的品位相反的。因此，有必要改变印度手工艺品的形象，建立客户对这些产品相关的历史和文化认同。也有一些传统手工艺品为适应不断变化的市场模式而被现代化的例子。

700万名手工艺人是印度手工艺品行业的中坚力量，具有优秀的技能、技术、传统工艺。然而，在不断变化的世界市场中，这些手工艺人需要机构性支持，以增加其价值，并在与中国、韩国、泰国等其他竞争对手的竞争中保持优势。

随着政府对手工艺品行业支持力度的加大、电子商务的发展、技术的革新、国际市场需求量的增加，印度手工艺品行业迎来了新的发展机遇。

（二）知名企业

1. 手工艺品出口商协会

手工艺品出口商协会（Handicrafts Exporters Association）是 1959 年成立的印度最古老的手工艺品协会之一，得到印度政府的认可。该协会的主要目标是促进印度手工艺品和纺织品、时尚配饰和其他相关产品的出口，并代表政府当局和公共机构制定与这些产品出口直接相关的政策和其他措施。

该协会还组织出口商聚会以及举行与政府高级官员的公开会议，以便出口商能够相互交流，政府官员就提出的各种问题进行现场澄清。

2. 全印度艺术家匠人福利协会

全印度艺术家匠人福利协会（All India Artisans and Craftworkers Welfare Association，AIACA）成立于 2004 年，是印度手工织布机和手工艺品行业的会员制非营利组织。协会力求确保这一行业的发展和持续的活力，并提升工匠和手工艺工人的生活水平。协会与多方利益相关者合作，促进印度手工艺品的发展。

AIACA 从事政策研究和宣传，并实施一系列项目，以促进手工艺品生产商进入主流市场，促进以生产手工艺品为基础业务的企业发展。其实施的项目包括印度手工艺品认证倡议和帮助手工艺品生产商集团向商业实体过渡的企业支持计划。协会还为乡村工匠的可持续生计生产提供了更全面的集群发展方案。

Craftmark[①] 是由 AIACA 设计和管理的一项认证计划，该计划旨在对真正的印度手工艺品进行认证，制定全行业手工艺品的最低标准和规范，提高消费者对独特的手工艺传统和产品从制造商到终端消费者的可加工性的认识。目前，已有 150 多家手工艺品企业使用了 Craftmark，印度 23 个邦的超过 50000 名工匠也在使用 Craftmark。

3. 印度手工艺品及手工纺织出口公司

印度手工艺品和手工纺织出口公司（Handicrafts & Handlooms Exports

---

① Craftmark，www.craftmark.org。

Corporation of India Ltd.）是由印度纺织部管理的政府企业，成立于1958年，旨在促进手工艺品行业和手工纺织产品的出口和贸易发展。公司目前是一家二星级出口公司，除从事金银珠宝和一般物品的出口外，还从事手工艺品和手工织布制品（包括手工羊毛地毯和成衣）的出口。公司拥有一系列印度工艺品、手工织布机、装饰、礼品、古董、皮革制品、宝石和珠宝以及熟铁工艺品等产品。

4. Dastkar

Dastkar是一个私营的非营利性非政府组织，成立于1981年，致力于支持传统印度工匠的发展，其中许多是妇女和农村工人。组织的目的是帮助工匠重新在主流经济中占据一席之地。在印度，手工艺品行业在就业人数方面仅次于农业。

Dastkar通过与政府、非政府机构和外国机构合作进行推广，为手工艺品组织提供咨询服务，并在集市和展览中搭建零售平台，汇集工匠、生产商团体、环境组织、社会积极分子、文化表演者、城市消费者、学生和国际买家等各方人群。它还通过开展研讨会、提供技能培训、协同设计创新和产品开发等"支持服务"活动帮助工匠。

如今，Dastkar与超过350个工艺团体和小型生产商合作，直接和间接影响了来自印度22个邦的约43000名工匠的生活。Dastkar是一个来自真正生产商的优质手工艺品的品牌，其主要关注点仍然是印度城市零售市场和客户。

5. 印度手工艺品公司

印度手工艺品公司（Indian Handicrafts Company）总部位于新德里，多年来一直在全球供应正宗和独特的印度服装和手工艺品。公司生产和供应传统和时尚的围巾、短裙、成衣、手提包、珠宝和手工艺品。作为印度服装和手工艺品的主要供应商，它提供印度几乎所有地区（包括村庄和偏远地区）的一些最有创意的工匠制作的艺术品。印度手工艺品公司经营服装、手袋、珠宝、装饰用品、印度古董、手工装饰用品、木制手工艺品、金属手工艺品、桌面手工艺品、民族时尚手工艺品、礼品、印度绘画、石头手工艺品、相框、雕塑、陶器、灯具、大理石等产品。

八 纺织行业

印度纺织行业是印度经济中最古老的行业之一，可追溯到几个世纪前。印度 2017~2018 年的纺织品出口总额为 392 亿美元。印度纺织业的种类繁多，手织和手工纺织业在这一领域的一端，而资本密集型的精密纺织业则在另一端。分散的动力织机／针织品和针织业是纺织业的最大组成部分。纺织业与农业（如棉花等原材料）的紧密联系，以及该国纺织方面的古老文化和传统，使印度纺织业与其他国家的工业相比具有其独特性。印度纺织业有能力生产各种产品，以适用于印度国内和世界各地不同的细分市场。

（一）市场规模

2017~2018 年纺织品出口总额为 392 亿美元。就市场规模而言，该行业 2018 年约为 1500 亿美元，2019 年约为 2500 亿美元。在 2017~2018 年，它贡献了工业产出的 7%（按价值计算），占 GDP 的 2%。2017~2018 年，该领域员工超过 4500 万人，为出口收入贡献了 15%。印度纺织行业市场规模和纺织品出口分类份额如图 7-7、7-8 所示。①

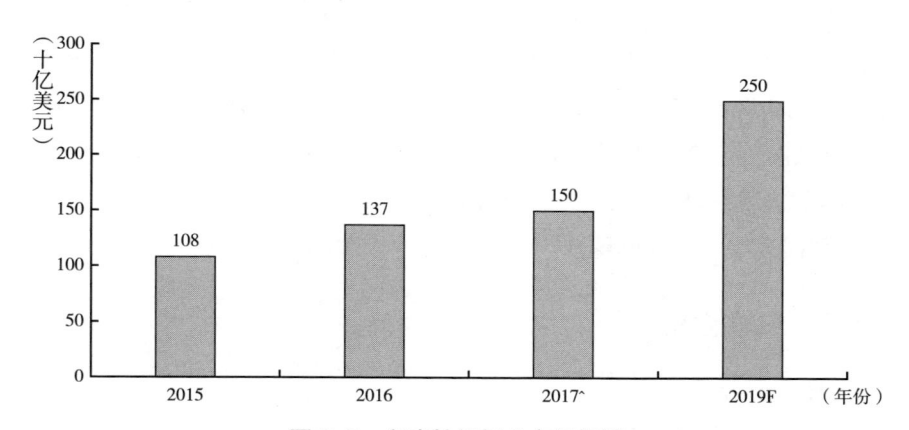

图 7-7 印度纺织行业市场规模

注：F 为预测，^ 表示该数据为截至 2017 年 7 月的数据。

---

① "Textiles and Apparel", IBEF (Indian Brand Equity Foundation), https://www.ibef.org/uploads/industry/Infographics/large/Textile-and-Apparel-July-2018.pdf，最后访问日期：2020 年 3 月 17 日。

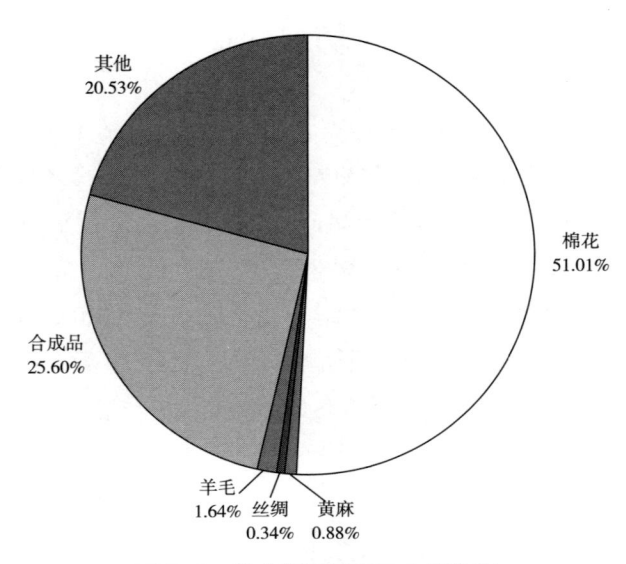

图 7-8　印度纺织品出口分类份额

在投资方面，该行业在 2013~2018 年经历了快速增长。2000 年 4 月至 2018 年 6 月，该行业（包括印染业）吸引了 29.7 亿美元的外商直接投资（FDI）。为进一步扩大纺织业，印度内阁经济事务委员会（CCEA）批准了一项新的技能发展计划，该计划名为"纺织业能力建设计划"（Scheme for Capacity Building in Textile Sector，SCBTS），于 2017~2020 年支出 2.029 亿美元。该行业在 2017 年中至 2018 年的投资额为 41.9 亿美元。[①] 考虑到纺织业的巨大规模，政府已采取了几项措施来解决技术升级、培训、能力建设、基础设施和研发等方面的问题。

（二）知名企业

1. Raymond

自 1925 年成立以来，Raymond 一直是一家多元化的企业集团，在纺织和服装行业开展许多业务，并在快消品、防护服等不同领域的国内和国际

---

① "Textile Industry & Market Growth in India"，IBEF（Indian Brand Equity Foundation），https://www.ibef.org/industry/textiles.aspx，最后访问日期：2020 年 3 月 17 日。

市场占有一席之地。Raymond 是一家一体化的纺织品生产商，生产高档面料。其拥有 1500 多家专卖店，遍布 600 个城市，在印度拥有超过 20000 家零售商。多年来，Raymond 已成为 55 个国家顶级设计公司的首选合作对象。该品牌在衬衫面料方面也一直处于领先地位。其还是全球领先的牛仔品牌的顶级生产商和首选供应商。Raymond 是一家拥有最先进制造基础设施和印度纺织制造业最佳行业实践的纺织企业。Raymond 拥有许多全资子公司，如 Silver Spark 服装有限公司（Silver Spark Apparel Ltd.）、庆典服装有限公司（Celebrations Apparel Ltd.）和 Everblue 服装有限公司（Everblue Apparel Ltd.），其生产的工艺套装、衬衫和牛仔裤被用于全球领先的时尚品牌。

2. Siyaram 丝绸有限公司

Siyaram 丝绸有限公司（Siyaram Silk Mills Limited）是一家控股公司。该公司从事纺织业面料和成衣的生产。其产品包括纱线、家居用品、成衣和织物。公司生产的面料包括聚酯粘胶布、聚酯粘胶麻布、聚酯棉布、聚酯毛布、聚酯毛莱卡布、羊毛莱卡布、全棉布、棉麻布和全亚麻布。其纱线包括无捻光亮涤纶染色纱、微丝染色纱和棉纱染色纱等。该公司的产品销售渠道包括印度 1000 多家零售和多品牌商店。公司的编织工厂位于马哈拉施特拉邦。Siyaram 丝绸有限公司每年生产超过 6000 万米的织物。公司的品牌包括 Siyaram 衬衫、Miniature、Casa Moda、MSD、Oxemberg、Little Champ、Royale Linen、Unicode、Mistair 和 Moretti。

3. Bombay 印染

Bombay 印染（Bombay Dyeing）是 Wadia 集团公司的一部分，是印度最古老和最著名的商业公司之一。它最初是从印度纺棉纱浸染手工操作开始的。该公司是印度领先的床、亚麻布、毛巾、家居用品、休闲服装和童装零售商，与来自全国各地的数百万名忠实客户保持着密切联系。其超过 137 年的传统是建立在提供优质、创新的产品组合和多样化产品的基础上。其在历史上被称为最好的纺织品制造商之一，今天其被认为是各种家用产品的最好零售商，在各种论坛上被公认为是印度的纺织品生产中引领潮流的本土零售商。

4. Loyal 纺织有限公司

Loyal 纺织有限公司（Loyal Textile Mills Limited）是一家垂直整合的公司，拥有最先进的纺织生产单位，生产环节包括从轧棉、纺纱、编织、针织、湿加工两种针织物和机织物到对服装的特殊处理，其营业额高达 3 亿美元，产品出口到全球 40 多个国家。该公司是一家经认证的纺织品制造商，并被印度政府认定为明星贸易公司。在过去的 9 年里，Loyal 一直是印度连续出口最大数量灰色织物的金奖获得者。作为一家公司，其是亚洲第一家获得 IMS（综合管理服务）认证的纺织厂。该公司的研发中心得到印度政府的认可，技术团队在纺织品领域拥有 28 年的经验。Loyal 在全球范围内满足了新老客户的需求，客户来自美国、南美、中美洲、土耳其、埃及、孟加拉国、斯里兰卡、泰国、柬埔寨、越南、毛里求斯、中国和其他国家及地区。

5. 参与社会创业的私营企业

印度的许多公司从事社会创业，即建立公司，从当地工匠处采购产品，以提供就业机会，鼓励当地手工艺发展，并促进印度各地工匠的技能发展。这类企业面临的最大挑战是保持采购产品的稳定性和一致性，尤其是来自少数民族的从业者处于基层的无组织的状态。在过去五年里，该行业经历了一次重大的改变，全球大型企业如 L Capital（路易威登的私募股权部门），以及 Future Ventures 这样的大型国际公司，在当地公司中获得股份并进行了投资。这一领域的一些著名公司如下。

- Fabindia 海外私人有限公司（Fabindia Overseas Private Limited）：通常被称为 Fabindia，是印度最大的零售服装品牌，在印度和海外拥有约 250 家商店。Fabindia 的产品来源于 17 家社区级别的公司，这些公司在印度拥有超过 40000 名工匠。Fabindia 的一定比例的股份也由当地的工匠持有，公司的理念是提供可持续的印度农村就业机会，并促进良好的工艺的发展。2016 年，Fabindia 的销售额突破 100 亿卢比，成为印度最大的服装行业零售商。
- Mother Earth：是一家位于班加罗尔的公司，主要销售服装、家具和家居用品。它通过其线下零售店以及在线商店（如 Myntra、Jabong

和Flipkart）进行分销。2013年，Future Ventures向该公司注资1400万卢比。公司的营业额为8亿卢比，其40%的产品来自自助团体（self-help groups，SHG）。
- Anokhi：这个服饰和家居品牌的营业额为7亿卢比，在印度有超过22家门店。该公司的产品来自印度各地的当地工匠，其支持大约1000名工匠。它是Fabindia和Mother Earth的主要竞争对手。

九 文化旅游行业

文化旅游包括城市旅游和乡村旅游。前者的旅游地点包括历史遗址或大城市及其博物馆和剧院等文化场所，后者的旅游地点则是农村地区，游客可以在此了解土著文化社区的传统（即节日、仪式）、价值观和生活方式，乡村旅游还包括工业旅游和创意旅游等。

文化旅游也被定义为"将人们从正常居住地点转移到文化景点，目的是收集新的信息和经验以满足他们的文化需求"[①]。

文化旅游业是旅游业的重要分支之一。人们普遍认为，文化旅游者的消费远高于普通旅游者。这种形式的旅游在世界各地也越来越流行，经合组织（OECD）最近的一份报告强调了文化旅游在世界不同地区区域发展中的作用。世界旅游组织认为40%以上的国际游客是"文化游客"。

（一）市场规模

印度旅游业市场规模在2017年超过2300亿美元，高于2016年的2090亿美元。印度有丰富的旅游资源，例如阿格拉的泰姬陵、拉贾斯坦邦的山丘城堡、瓦拉纳西的圣城、喜马拉雅山和果阿邦的海滩等。[②]

---

① Greg Richards, *Cultural Tourism in Europe*（Wallingford：CAB International，1996），www.tram-research.com/atlas.

② "Tourism in India is booming. But why is everyone so worried?"，The Economic Times，https://economictimes.indiatimes.com/industry/services/travel/tourism-in-india-is-booming-but-why-is-everyone-so-worried/articleshow/64890122.cms，最后访问日期：2020年3月23日。

近年来，印度旅游业出现了快速增长，这主要得益于印度文化旅游业的发展，印度成为游客眼中的古代历史、文化遗产和文化之地。几个世纪以来，印度一直处于各种政权的统治之下，这些政权都对印度的文化产生了影响。人们可以看到各种文化在舞蹈、音乐、节日、建筑、传统习俗、食物和语言中的影响。正是由于受到各种文化的影响，印度的遗产和文化才丰富多彩。这种文化的丰富性，在很大程度上使印度逐渐成为国际知名文化旅游目的地。

文化和遗产是旅游业发展的重要资源，而旅游业反过来又对文化发展做出重要贡献。印度的自然美景、文化多样性和丰富的历史资源每年都吸引着无数游客前往印度。旅游业为历史遗迹、遗址和陵墓带来收入，这些收入可用于增强对遗产、文化的保护。根据2019年世界经济论坛一份报告的统计数据，2019年在136个国家（地区）中，印度在各国的旅游竞争力指数排名中居第34位。在国际旅游中，文化遗产旅游激发了游客对其他文化的尊重和理解，进而促进了各国文化之间的相互认同。

印度最受欢迎的文化旅游邦是拉贾斯坦邦、泰米尔纳德邦、北方邦和北阿肯德邦，其中拉贾斯坦邦是最受欢迎的，以其丰富的文化遗产而闻名。该邦许多富丽堂皇的宫殿和城堡展示了拉贾斯坦邦丰富的文化遗产。各种民歌和音乐也反映了拉贾斯坦邦的文化遗产。拉贾斯坦邦的许多节日和展览会，如骆驼节、马尔加尔节和普什卡节吸引了许多游客，向他们展示了丰富的国家文化。泰米尔纳德邦也是著名的文化旅游地，展示了德拉威传统文化。当地的许多寺庙反映了印度丰富的文化遗产。北方邦有很多旅游景点，最著名的是阿格拉的泰姬陵。像瓦拉纳西、阿拉哈巴德等城市也吸引了大量的游客。北阿肯德邦在喜马拉雅山脉附近，被称为神的住所。该邦北部有许多古庙。

印度政府举办的节日也吸引了大量的游客，被认为是文化旅游的一种形式。每年有数百万名游客参加印度的主要节日活动。近几十年来，节庆活动蓬勃发展，人们愈发认识到节日的重要性。对本地人和外国游客来说，节庆活动极具吸引力，这也逐渐成为印度旅游业的一大优势。相关的机构方认为，随着对节日正确的营销和定位，这一特定的细分市场可能被证明是印度旅游业最大的动力。

为了使印度文化旅游业继续发展，政府正在采取积极的措施。旅游业拥有潜在的巨大就业容量，也是印度外汇的重要来源。2018年1~7月，印度旅游收入同比增长12.1%，达到170.9亿美元，外国游客（FTA）增加到597万人次，同比增长7.3%。[①]

2017年旅游业贡献了全国新增就业的8%，创造了近4160万个就业岗位。2028年，这一数字预计将增长至5230万。根据工业政策和促进部（DIPP）公布的数据，2000年4月至2018年6月，印度酒店和旅游业吸引了约113.9亿美元的外国直接投资（FDI）。

印度政府正在努力实现到2025年入境游客增长2%的目标。根据2018~2019年预算，政府拨款1.8389亿美元用于PRASAD计划（Pilgrimage Rejuvenation And Spirituality Augmentation Drive）下的旅游线路综合开发项目。

在增强全球影响力方面，北京的印度旅游项目在上海世界旅游博览会上荣获"最佳旅游促进奖"。东京的印度旅游项目在韩国国际旅游博览会上荣获"最佳展位经营奖"，并在釜山世界旅游博览会上荣获"最佳旅游促进奖"。

（二）知名企业

1. Help Tourism

Help Tourism是一个旅游经营者和目的地管理顾问公司，业务主要分布在印度东部和东北部地区。该公司将旅游作为促进文物保护和可持续发展的方式。自1991年以来，其通过将乡村地区变成独特的旅游目的地，来支持该地区的各个社区发展。公司为游客提供历史、文化和自然资源与旅游相结合的产品，帮助游客了解特色文化和自然历史。其目标是保存遗产，保护环境，促进文化发展。

公司定期开展地方可持续发展的宣传活动，鼓励通过旅游创业推动社区

[①] "Tourism & Hospitality Industry in India"，IBEF（Indian Brand Equity Foundation），https://www.ibef.org/industry/tourism-hospitality-india.aspx，最后访问日期：2020年3月27日。

发展。它为当地社区提供培训和咨询，使社区能够提高能力和保障文物所有权，并建立全球性的连接。

2. Banglanatak Dot Com

Banglanatak Dot Com 总部位于加尔各答，是一家社会企业，在印度各地开展工作，专门从事戏剧传播发展，并以非物质文化遗产如表演艺术和手工艺来发展以社区为基础的创意产业。其与不同的村庄进行合作，已经对当地艺术家的生活产生了积极影响，推动了村庄的社会经济发展。民间艺术已成为旅游热点，乡村民间艺术旅游企业应运而生。公司为一些贫困的乡村提供了全新的积极的身份认同。乡村创意中心正在逐渐成为新的文化旅游目的地，为经济边缘化地区带来更多的收入。该公司还通过促进当地社区和游客之间的互动来推动教育旅游发展。每年在这些村落举办的节日都展示了非物质文化遗产和当地人的生活方式。

3. Monkfoot 旅游私人有限公司

Monkfoot 旅游私人有限公司（Monkfoot Travels Private Limited）是专业的文化旅游公司，向游客提供更多与当地人互动的机会，推广当地文化遗产。它是一家印度非国营公司，成立于 2010 年。它带来了一系列横跨印度的文化和探险旅行项目，如观看野生动物，进行漂流和皮划艇，参与部落文化和节日活动，为外国游客提供真实和可持续的体验。在设计个性化、高标准和文化丰富的旅行路线时，它为游客提供充分全面的信息。

（三）知名协会

在国家的支持下，在旅游文化建设中发挥重要作用的主要组织如下。

1. 印度旅游经营者协会

印度旅游经营者协会（Indian Association of Tour Operators，IATO）是印度旅游业的全国性组织。它拥有超过 1600 个成员，涵盖了旅游业的所有部门。IATO 成立于 1982 年，如今已得到国际认可。它与美国、尼泊尔和印度尼西亚的一些旅游协会有着密切的联系和持续的互动，其中 USTOA、NATO 和 ASITA 是其成员机构。该协会正在加强其与国际专业机构的联系，以便更好地为访问印度的国际旅行者提供便利。

在所有影响印度旅游业的关键问题上，IATO 与政府密切合作。IATO 的事务由执行委员会管理，由活跃成员每两年选举一次。执行委员会由委员会主任领导，是一个由 6 名办公室负责人和 9 名行政人员组成的小组。执行委员会每月开会讨论当前的旅游业和会员问题。IATO 与地方建立联系，从而恰当地处理所有本地旅游问题。

2. 印度旅游贸易组织协会

印度旅游贸易组织协会（Association of Tourism Trade Organisations of India，ATTOI）于 2003 年成立，是一个非政府、非营利性、非政治性的组织，致力于促进各领域的旅游业发展，并为贸易关系的健康发展和各方之间的和谐关系维持做出贡献。它提供了一个分享商业理念的平台，组织成员进行共同讨论，与旅游部一起发展。如今，ATTOI 成员在国际或国内贸易展览会上占据着重要的地位。ATTOI 是第一个将其商业条款纳入负责任和可持续旅游承诺的组织。其执行委员会负责管理、组织各项活动。

保护自然和文化环境的旅行是 ATTOI 及其成员关注的重点。每个潜在成员在经过可持续旅游资格审查之后，才能成为会员。这是为了确保旅游资源的可持续性，并确保当地的文化和环境受到尊重。其成员认识到，用以旅游度假的目的地是这个行业的生命线，其需要用负责任和可持续的旅游政策来保护这些目的地。

十　文化教育行业

文化教育可以定义为包含文化因素的教育，例如学生通过丰富的学习形式，增加所学内容的价值和对传统内涵的认同。文化教育在为人们创建与他们文化有关的联系方面发挥了重要作用，并使外国人能够接触到同样的文化。它可以有许多呈现形式，如学生交流、语言学习和学校课程。

把文化遗产教育融入学校课程和学生交流项目大有裨益。通过这种形式，学生了解、欣赏并在这个过程中找到独特的保护当地遗产的方法。教育活动变得更具情境性，孩子也能够更好地了解当地文化和历史遗产。

大约29%的印度人口的年龄在0~14岁,这为印度的教育行业提供了很大的挑战。印度高等教育规模预计到2025年将增长至350.3亿美元。2018年印度教育行业估值为917亿美元。

印度有超过2.5亿名在校学生,为全球之最。它还拥有世界上最大的高等教育机构网络之一。2017年至2018年,印度高校的数量达到39050所。印度在2017~2018年有3664万名学生接受高等教育。2017~2018年,高等教育综合入学率达25.8%。

中央政府计划向各邦支付10亿美元用于引进技能发展计划。其在2018~2019年的联邦预算中公布了2022年的教育基础设施和教育体系复兴计划(RISE),接下来四年的支出为154.4亿美元。[1]

印度的教育行业仍然是政府的战略重点。自2002年以来,印度政府允许100%的外国直接投资(FDI)进入教育行业。截至2018年中,该行业已累计收到价值17.5亿美元的外国直接投资(FDI)。印度教育行业在2017年共进行了18次并购交易,交易价值为4900万美元。[2]印度政府正在起草新的教育政策草案,以应对该国教育行业的不断变化。

十一 视觉艺术行业

全球艺术品行业在2016年的总销售额为566亿美元,比2015年的633亿美元下降了11%。[3]这是艺术品市场销售额连续第二年下降,相较于2014年的682亿美元交易记录下降了17%。这种收缩是由某些细分行业的销售和高端艺术品的销售额减少引起的,在艺术品拍卖市场更是如此,导致行业的扩张在2014年突然停止。

---

[1] "Education & Training Industry in India", IBEF(Indian Brand Equity Foundation), https://www.ibef.org/industry/education-sector-india.aspx, 最后访问日期: 2021年6月20日。

[2] "Education & Training Industry in India", IBEF(Indian Brand Equity Foundation), https://www.ibef.org/industry/education-sector-india.aspx, 最后访问日期: 2021年6月20日。

[3] "Visual arts industry in India: Painting the future", KPMG—FICCI, http://ficci.in/spdocument/22945/Visual-arts-industry-in-India.pdf, 最后访问日期: 2020年4月10日。

（一）市场规模

2016年印度最大艺术目标市场前三位分别是美国、英国和中国，所占份额分别为40%、21%和20%。在这三个市场中，美国继续保持着相当大的领先地位，唯一的例外是在2011年，中国取代了美国，居首位。2017年印度艺术品市场估值为2亿美元，跌幅为6%。[①] 这可能是受经济改革，如国家的货币化和税收改革的影响。

印度视觉艺术行业经历过发展的高峰。该行业在2013年见证了令人印象深刻的增长，主要是由于佳士得进入印度。佳士得是世界上最著名的拍卖行之一，它于2013年在印度举办了第一次现场拍卖，并以年销售额约1361万美元结束了这一年的拍卖，这远远超过预售估价。2014年和2015年是充满希望的，佳士得销售额增长率分别接近10%和18.1%。

印度古典艺术品在2016年见证了两位数的增长，但在现当代艺术品销售下降的背景下，其2016年的销售额下降了。全球拍卖行——佳士得和苏富比拍卖行在2016年的销售额比2015年低得多，但萨伏隆（Saffronart）在2016年仍在增长，尽管只增加5%。

虽然在一段时间内，该行业呈现出增长的趋势，但其在全球艺术行业中所占的份额在2016年仅达到0.5%。然而，随着印度艺术在国内和国际市场上消费者的增加，该行业拥有巨大的增长潜力，并可能使印度成为全球热门的艺术中心。

印度视觉艺术行业历来被艺术画廊所支配。全国有超过1500家艺术画廊和6家大型拍卖行。艺术品拍卖行在整个市场中的份额正逐渐提升。2017年，艺术画廊在整个视觉艺术市场的份额为64%，相比之下，拍卖行为36%（如图7-9所示）。

---

① "Visual arts industry in India: Painting the future", KPMG—FICCI, http://ficci.in/spdocument/22945/Visual-arts-industry-in-India.pdf, 最后访问日期：2020年4月10日。

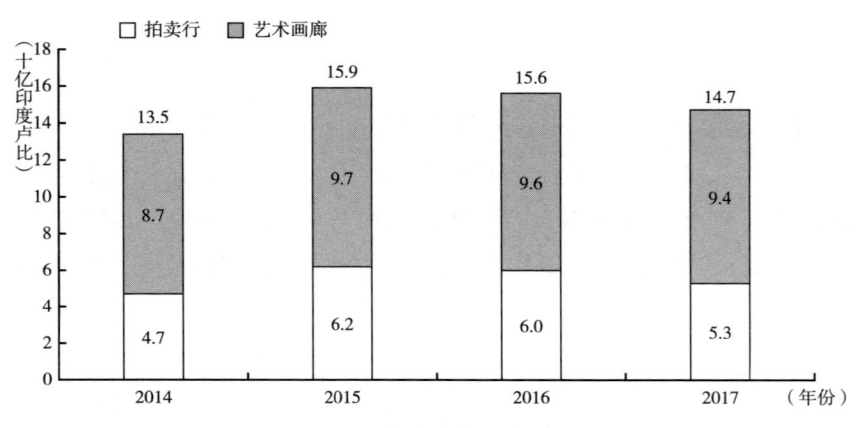

图 7-9　2014~2017 年印度视觉艺术行业市场规模

资料来源：FICCI 报告《印度视觉艺术行业：描绘未来》。

现代印度艺术品继续占拍卖销售商品的大部分，收藏家们关注的是艺术家职业生涯重要阶段的高质量作品，以及拥有杰出的出版和展览历史的高质量作品。尽管现代艺术品在过去几年的拍卖销售商品中占据主导地位，但热门艺术家作品数量的减少，导致该类商品的价格有所下降。这导致艺术收藏家开始关注其他艺术形式。

2017 年 1~9 月，183 件印度当代艺术品在世界各地拍卖，总成交额达 177 万美元。相比于 2013 年的 333 件艺术品 560 万美元，这一数字出现了大幅下降。原因包括缺乏制度支持，以及相对于 10 年前艺术品价格的人为上涨。来自欧洲的收藏家和画廊对整个行业具有重要影响，而他们开始关注包括非洲在内的其他地区艺术品，这压缩了印度艺术品的发展空间。印度古典艺术品，包括古董、绘画和雕塑，近年来出现了强劲的增长。2012~2016 年，艺术品的年复合增长率超过 35%，总成交额在 2016 年达到 700 万美元。根据行业专家的说法，1972 年《古董法案》放宽了对进口关税和对新获得的古董进行强制登记的规定，这对古董行业发掘其真正的潜力是非常重要的。

（二）知名机构

政府支持全国各地的艺术机构、展览机构和其他私人机构的发展。许多机构在印度艺术和文化日益普及的过程中发挥了重要作用。以下为一些重要组织机构。

1. 印度钱币历史文化研究基金会

钱币学是研究钱币的学科，印度钱币历史文化研究基金会（Indian Numismatic Historical and Cultural Research Foundation，INHCRF）是通过钱币设计来突出历史的最著名的组织之一。古代钱币反映了各种历史事件、行政技术和经济周期。为了探索印度革命的历史，INHCRF还通过讲习班、展览和演讲提高人们对钱币学的基本价值及其在印度文化和社会中的重要性的认识。

2. Kalamandir

一个独特而著名的非政府组织——Kalamandir，致力于通过部落艺术、文化和音乐的交流来实现"社会协同和人类和谐"。组织成立于1997年，现在在贾坎德邦经营。这个组织的主要目标是为不同族群和不同语言之间的文化交流提供平台。文化交流振兴了民间和地域遗产，并强调了民间艺术和部落艺术形式特征的重要性。此外，通过分发不同部落和视觉艺术的书籍，这个组织已经能够在印度各个部落社区振兴其艺术形式。

3. 艺术和摄影博物馆

艺术和摄影博物馆（Museum of Art & Photography，MAP）的使命是建立、管理和维持一个新的博物馆，以展示、说明和保存越来越多的艺术品和文化作品，其动机是博物馆应该在社会中发挥积极作用。它希望成为艺术与社区之间的桥梁，鼓励更多民众接触重要的文化、历史、视觉艺术。它是由一群对视觉艺术有兴趣的成功商人创立的。

MAP也通过各种各样的项目，包括贷款和讲座，积极地与社区进行接触。博物馆的旗舰大楼计划在2020年向公众开放，是位于班加罗尔卡斯帕拉路上的一栋近4000平方米的大楼。简洁的国际设计和突出的功能将成为博物馆的亮点，横跨五层的建筑包括多个画廊、礼堂、研究图书馆、恢复实验室、教室、博物馆商店和咖啡馆。

MAP保管着15000多件艺术品，主要来自印度次大陆，其历史最早可追溯至12世纪。馆藏由6部分组成：现当代、摄影、民间与部落、流行艺与纺织品、工艺与设计以及前现代艺术。这些藏品构成了博物馆展览的核心，也可供印度和国外的研究人员以及认证机构和博物馆借展。

4. Kiran Nadar 博物馆

Kiran Nadar 博物馆（KNMA）是 2010 年在艺术收藏家 Kiran Nadar 的倡议下成立的，是第一个在印度次大陆展出现代作品的私人博物馆。KNMA 位于印度首都新德里市中心，是一个非营利性组织，旨在通过展览、出版物、教育和公共项目来展示艺术与文化之间的动态关系。

数量不断增加的 KMMA 馆藏主要集中在与重要事件相关的藏品。它的核心收藏突出了 20 世纪后印度独立画家的辉煌一代，同样也体现了同时代年轻人的不同艺术实践。

在 SHIV-NADAR 基金会的赞助下，KNMA 正在公共领域中推广艺术，并鼓励人们欣赏艺术。KNMA 渴望通过策展活动和展览、学校和大学讲习班、艺术欣赏讲座、研讨会和公共项目，成为一个传播、交流艺术和文化的场所。它的重点是缩小艺术与公众的差距，培养印度的博物馆文化。KNMA 以创新的方式支持新的艺术和文化生产，积极寻求与艺术家和公众的积极合作，其独特的视野赢得了全世界的认可。

KNMA 延续了艺术赞助的传统，并通过教育项目继续推广艺术，也和学校、非营利性组织以及信托基金建立合作。这种知识的传播主要是通过定期的研讨会来实现的。在这里，成年人和儿童都能了解新的艺术形式和技艺，并与负责项目的艺术家互动。组织观影、鼓励策展项目成为博物馆越来越多的项目中不可或缺的一部分。

第八章
中国与印度文化交流合作

1950年4月1日中印建交。20世纪50年代，中印两国领导人共同倡导和平共处五项原则，双方交往密切并签署了《中华人民共和国和印度共和国建交公报（1949-1950）》。1959年西藏叛乱后，中印关系恶化。1962年10月，中印边境发生大规模武装冲突。1976年双方恢复互派大使后，两国关系逐步改善。印度总理拉吉夫·甘地（1988）、总统文卡塔拉曼（1992）、总理拉奥（1993）、副总统纳拉亚南（1994）、总统纳拉亚南（2000）先后访华。国务院总理李鹏（1991）、全国政协主席李瑞环（1993）、副总理兼外长钱其琛（1994）、全国人大常委会委员长乔石（1995）、国家主席江泽民（1996）、全国人大常委会委员长李鹏（2001）、国务院总理朱镕基（2002）分别访问印度。2003年6月，印度总理瓦杰帕伊对中国进行正式访问，双方签署《中印关系原则和全面合作的宣言》。2005年4月，温家宝总理访印，双方签署《联合声明》，宣布建立面向和平与繁荣的战略合作伙伴关系。2006年11月，胡锦涛主席对印度进行国事访问，双方发表《联合宣言》，制定深化两国战略合作伙伴关系的"十项战略"。2008年1月，印度总理辛格访华，两国签署《中印关于二十一世纪的共同展望》。2010年是中国印度建交60周年。5月，印度总统帕蒂尔来华进行国事访问。12月，温家宝总理访印，两国签署《中华人民共和国和印度共和国联合公报》。2011年是"中印交流年"，2012年是"中印友好合作年"，2014年是"中印友好交流年"。

中印经济合作领域不断拓展。2017年，中印双边贸易额为844.11亿美元，同比增长20.5%，其中中国对印度出口额为680.67亿美元，同比增长16.5%，中国自印度进口额为163.44亿美元，同比增长38.9%。2018年，中印双边贸易额为955.43亿美元，同比增长13.2%，其中中国对印度出口额为767.05亿美元，同比增长12.7%，中国自印度进口额为188.38亿美元，同比增长15.2%。2019年，中印双边贸易额为928.1亿美元，同比下降2.8%，其中中国对印度出口额为748.3亿美元，同比下降2.4%，中国自印度进口额为179.8

亿美元，同比下降4.5%。中国对印度主要出口商品有机电产品、化工产品和贱金属及制品等。中国自印度主要进口商品有矿产品及原料和化工产品等。

两国人文领域的交流与合作不断扩大。2011年是"中印交流年"。4月，"感知中国·印度行—四川周"活动在印度举办。5月，国家新闻出版总署副署长邬书林访印，与印方签署关于编纂"中印文化交流百科全书"的谅解备忘录。7月，印度文化关系委员会与上海档案馆共同举办"泰戈尔中国之旅"图片展。9月，印度500名青年代表访华，温家宝总理出席中印青年传统文化交流大舞台活动。2012年2月至3月，中国500名青年访印。2017年，两国双向旅游交往规模为102万人次，其中印度公民来华81.9万人次，同比增长2.5%，中国公民赴印20万人次。两国现已开通北京、上海、广州、昆明至新德里、孟买、加尔各答等城市的直航航线，每周飞行46个班次。2006年以来，中印百人青年团实现14次互访。2013年10月，北京、成都、昆明分别与印度德里、班加罗尔、加尔各答签署建立友好城市关系协议书。2014年9月，广东省与古吉拉特邦缔结友好省邦协议，上海与孟买、广州与艾哈迈达巴德缔结友好城市协议。2015年5月，首届中印地方合作论坛在北京举行，四川省与卡纳塔卡邦、重庆市和金奈市、青岛市和海得拉巴市、敦煌市和奥朗加巴德市建立友好省邦/城市关系。2017年12月，济南市与那格浦尔市签署建立友好城市关系协议书。2015年6月，中国为印度官方香客开通经乃堆拉山口入出境的朝圣路线。2015年，印度在华举办印度旅游年。2016年，中国在印度举办中国旅游年。2018年12月，王毅国务委员兼外长访问印度并同印度外长斯瓦拉吉共同主持中印高级别人文交流首次会议。2019年8月，印度外长苏杰生访华并同王毅国务委员兼外长共同主持中印高级别人文交流机制第二次会议。[①]

双方交流具体体现在相关文化行业。中国与印度在影视行业的合作不断深入，形式也逐渐从单纯的引入逐渐转向投资等多种形式，中国资本也正在从影片版权引进商逐渐成为出品制作方，这为印度电影在中国的上映提供了便利。中印两国在电影领域的合作，以及印度的外资政策给印度电影进入中

[①] 《中国同印度的关系》，中华人民共和国外交部，https://www.fmprc.gov.cn/web/gjhdq_676201/gj_676203/yz_676205/1206_677220/sbgx_677224/，最后访问日期：2020年5月1日。

国提供了较大便利。印度电影在中国院线的发展也进入加速期，近几年印度电影愈加频繁地出现在中国院线。2014 年阿米尔·汗的《我的个神啊》上映，首周末票房超过 3000 万，最终取得 1.18 亿票房，是印度电影在国内大银幕上的一次爆发。2017 年《摔跤吧！爸爸》在中国电影市场大放异彩，《摔跤吧！爸爸》近 13 亿的票房推动了中国和印度电影的合作发展。

2014 年中印两国签署合作协议，中印合拍片项目开展，从批片到分账片，引进、投资、合拍形式多样。2016 年的《大唐玄奘》、2017 年的《功夫瑜伽》和《大闹天竺》均为中印合拍片，2018 年的《神秘巨星》以分账片形式引进，中国公司创世星影业就是 2018 年中国上映的首部非好莱坞分账片《神秘巨星》的出品方之一，由于中国电影公司的参与，《神秘巨星》在印度本土上映 3 个月后便被引进国内，成为当时耗时最短引进中国的印度影片。

文化交流相关大事记如表 8-1 所示。

表 8-1　中国与印度的文化交流相关大事记（2008~2015 年）

时间	事件
2008 年 3 月 28 日	为期一周的"中国电影节"在印度首都新德里盛大开幕，中国驻印度大使张炎、国家电影局局长童刚、印度新闻广播部常秘（副部长）斯瓦纳普以及中印嘉宾共 500 余人出席了开幕式
2008 年 7 月 19 日	距 2008 年北京奥运开幕 20 天之际，由中国驻印度使馆和印度文化合作与友好学会及喀拉拉美术院联合举办的"北京欢迎您"迎奥运图片展在印度南部喀拉拉邦著名港口城市及商业中心科钦开幕。该展由 60 多幅图片组成，内容包括已落成的北京奥运各主要比赛场馆、各赛事承办城市风貌、吉祥物、标识、奖牌等本届奥运会特色文化元素，以及中国民众为迎接北京奥运的激情和奉献，展期一周
2008 年 11 月 18 日	根据中印两国政府文化交流计划，应印度文化关系委员会邀请，由中国文化部派遣、天津市文化局副局长张志率领的中国天津杂技团一行 30 人在印度新德里和加尔各答进行访问演出。天津杂技团在新德里和加尔各答举行了 4 场演出。印度文化关系委员会副主席芭拉蒂·瑞伊女士等印方官员和中国驻印度大使张炎、驻加尔各答总领事毛四维分别出席了演出开幕式，印度各界人士、华人华侨等共万余人观看了演出

第八章 中国与印度文化交流合作

续表

时间	事件
2009年2月13日	中国驻印度使馆文化处举办新春电影招待会，邀请印度尼赫鲁大学中国及东南亚研究中心和德里大学东亚研究系师生观看国产故事片《江北好人》，并与他们进行了丰富多彩的联欢活动
2009年11月1日	中国驻印度使馆文化处通过印度世界文化论坛（IWCF）邀请了8名印度知名民族器乐演奏家与正在印度访问的中国音乐学院音乐家小组进行了一次交流与互动活动
2009年11月3日	为庆祝中华人民共和国成立60周年，应驻印度使馆邀请，中国音乐学院的音乐家小组一行14人于11月1~4日访问新德里，举办两场音乐会。11月3日晚，首场音乐会在印度国家戏剧学院礼堂举行，中国驻印度大使张炎、印度各界人士及外国驻印使节共200余人出席
2009年12月4日至6日	来自中印两国的文化学者共聚印度首都新德里，在第二届"中国—南亚文化论坛"上展开一场思想的碰撞、友谊的交流，缅怀中印友好使者，憧憬青年共筑未来
2009年12月7日	第九次中俄印三国学者对话会在印度首都新德里拉开帷幕，中国驻印度大使张炎、印度中国问题研究所所长斯里马蒂·查克拉巴蒂、印度世界事务协会理事长苏迪尔·迪瓦尔以及来自中俄印三国的专家学者近50人出席开幕式。此次对话会为期3天，回顾了近期国际安全形势及国际金融危机的教训，同时还从多角度探讨重大灾难应对问题，并为了呼应同时在哥本哈根举行的联合国气候变化会议，也探讨了可再生能源利用、减缓气候变暖等应对气候变化问题
2009年12月23日	21世纪中印文化交流中心和中国国际文化传播中心联合主办的"水墨聚焦——走进印度当代中国名家书画展"和"中印和谐之音文艺演出"在新德里泰姬玛哈酒店开幕。张炎大使应邀出席开幕式并致辞。印度外长克里希纳，21世纪中印文化交流中心主席舒伯特博士，中国文化遗产基金会会长耿莹，中国国际文化传播中心执行主席龙宇翔、副主席张宗银，国家文物出版社社长苏士澍等出席了开幕式
2010年1月9日	为弘扬中华文化，增进中印友谊，配合使馆公共外交工作，中国驻印度使馆妇女小组举办了一场别开生面的电影招待会，来自新德里国际妇女俱乐部和争取妇女平等权利组织等近60名印度杰出女性及驻印使团女外交官应邀出席
2010年3月21日至25日	应印度国家艺术学院和国家音乐、舞蹈和戏剧学院的共同邀请，中国文联副主席李牧率中国文联代表团一行6人访问了印度新德里、阿格拉、斋浦尔、孟买等城市。代表团访印期间，分别会见了印度国家艺术学院主席韦吉佩伊（Ashok Vajpeyi）、院长夏尔玛（Sudhakar Sharma），国家音乐、舞蹈和戏剧学院代主席塔雅姆（Tatan Thiyam）、院长卡斯特瓦（Jayant Kastuar），就与两院开展美术、戏剧、舞蹈、音乐等领域的交流与合作进行了深入的探讨，并与印度艺术家代表进行了座谈和交流

- 123 -

续表

时间	事件
2010年4月20日	全国政协副主席孙家正在新德里会见印度联邦院副议长拉赫曼·汗，双方进行了友好、坦诚的交谈。拉赫曼·汗欢迎孙家正率全国政协代表团访问印度并出席"中国节"开幕式
2010年4月20日	"中国节"开幕式在印度首都新德里的古堡（PURANA QILA）内广场隆重举行，全国政协副主席孙家正、中国驻印度大使张炎、印度住房和城市扶贫及旅游部部长赛尔加、印度文化关系委员会秘书长沃尔玛出席开幕式，并欣赏由深圳交响乐团、上海歌剧院合唱团、中国歌剧院和深圳弘法寺僧伽合唱团联合表演的大型梵呗交响合唱音乐"神州和乐"
2010年6月15日	中国驻印度大使张炎在使馆为即将启程访华的印度百人青年代表团举行欢送招待会。印度青年与体育部常秘乌帕迪埃及代表团全体成员应邀出席。该团订于6月17日至26日赴华，访问上海、重庆、合肥三个城市，并参观世博园
2010年8月9日	应印度乒乓球协会邀请，国家体育总局经济司司长刘扶民率国家体育总局代表团一行6人于8月1日至4日访问印度，就进一步加强体育合作事宜与印方交换意见。印度青体部和印度乒协官员分别会见了代表团一行
2010年8月11日	中国驻印度使馆临时代办张越出席印度中国经济文化促进会主办的《印中纪事》双月刊新版暨"中印建交六十周年专刊"发行仪式，参加了如何深化中印关系的研讨，就加强两国经济文化交流与合作发表看法并回答了提问。印度国会议员、前外交国务部长塔鲁，印度中小企业部秘书拉伊，印度外交部东亚司司长班浩然，印度中国经济文化促进会主席阿比德·侯赛因，使馆商务参赞彭刚，中印两国企业代表以及媒体代表等近100人出席了活动
2010年8月19日至23日	应亚洲电影推广组织和印度文化关系委员会邀请，由中国文化部派遣的湖南木偶皮影艺术剧院代表团一行10人于8月19日至23日访问印度，并于8月19日晚在德里卡玛尼剧场举行专场演出。当晚，印度各界人士及驻新德里外交使团共500余人兴致勃勃地观看了演出
2010年8月23日至24日	为纪念中印建交60周年并作为印度"中国节"活动之一，中国杂技团应邀在印度经济、金融中心及最大商埠和港口城市孟买的拉·纳·曼迪尔剧场举行两场演出，演出获圆满成功
2010年10月26日	中国景德镇瓷器精品展"妙谛莲花"在新德里国家艺术学院展厅隆重开幕。中国驻印度大使张炎、中国文化部中外交流中心主任吕军以及印度文化关系委员会副主任古普德、印度国家艺术学院主席瓦吉帕依等印方官员和外国驻印使节、各界来宾共200余人出席开幕式
2010年11月3日	"虎趣——中国水墨精品展"在新德里印度人居中心画廊隆重开幕。中国驻印度大使张炎夫妇、江西省文联副主席余达喜、人居中心画廊负责人潘德博士以及其他驻印度使节、友好团体、华人华侨等各界来宾共160余人出席了开幕式

第八章　中国与印度文化交流合作

续表

时间	事件
2010年11月23日	为庆祝中印建交60周年，并作为印度"中国节"活动之一，以广西壮族自治区文化厅厅长余益中为团长的中国广西艺术团一行40人于2010年11月23日在印度首都新德里的卡玛尼剧场为印度观众奉献了一台具有广西民族风情的文艺演出——"魅力广西"。中国驻印度大使张炎及夫人、印度各界嘉宾、各国驻印使节以及中资机构、华人华侨、留学生及使馆官员等500多人观看了演出
2010年12月6日	"东方之韵——中国妇女画展"在新德里国家美术院隆重开幕。中国驻印度大使张炎及夫人陈望夏、中国华夏文化遗产基金会理事长耿莹女士、印度农村发展部国务部长阿加塔·桑玛女士、全印妇女联合会秘书长阿尼·拉贾女士等贵宾出席了开幕式
2011年1月15日	中国中央戏剧学院应邀参加的第13届印度"婆罗多戏剧节"的剧目——话剧《潘金莲》在印度首都新德里的卡马尼剧场成功首演。中国驻印度大使张炎夫妇及使馆其他成员，"婆罗多戏剧节"主办单位印度国家戏剧学院董事会主席阿拉娜女士等600余人出席观赏了这台极具特色的中国古典剧目
2011年2月19日	由印度考古局与中国国家文物局联合主办的"华夏瑰宝展"在印度国家博物馆隆重开幕，印度文化部长库马里·赛尔加女士、印度文化部常秘西卡尔、中国驻印度大使张炎、中国国家文物局副局长宋新潮、印度考古局局长森古普塔、印度国家博物馆代馆长波斯和印度各界人士及新闻媒体约400人参加开幕式
2011年5月6日至10日	新闻出版总署副署长邬书林一行访问印度。经与印度外交部友好协商，邬书林与印度外交部负责公共外交事务的秘书贾扬·普拉萨德分别代表两国政府签署了"中华人民共和国政府和印度共和国政府关于编撰'中印文化交流百科全书'备忘录"
2011年9月18日至29日	根据中印文化交流执行计划，云南杂技团一行30人应印度文化关系委员会邀请赴印访问演出，9月20日在新德里的斯利堡剧场举行首演。演出当天，印度主要英文报刊《印度时报》和《印度教徒报》刊登了该团的介绍文章及剧照
2011年9月22日	国务院总理温家宝在人民大会堂出席主题为"古老文明，青春辉映"的中印青年传统文化交流大舞台活动。这次中印青年交流活动由中华全国青年联合会主办，是"中印交流年"的重要项目。500名印度青年将在中国进行为期10天的参观访问。中印双方商定，今后将持续开展青年互访活动，巩固两国关系的社会基础
2011年10月14日	印度那烂陀大学董事会在北京大学举行例行会议，其在京期间，中国外交部副部长张志军会见了董事会一行。此前，董事会成员还赴西安访问，参观了大慈恩寺等古迹
2011年11月11日	中国民乐首次在印度南部最大的国际音乐节亮相，并成为音乐节开幕演出。扬琴演奏家刘月宁与印度顶级曼陀林演奏家弹奏了融合中印民乐的新曲调，激发了不少印度观众对扬琴和中国民乐的兴趣

续表

时间	事件
2011年12月22日至26日	中国驻印度使馆在印度东部奥里萨邦首府布巴内什瓦尔市政展览厅成功举办中印关系和中国发展成就图片展。中国驻印度大使张炎、奥里萨邦负责税务、灾害管理、信息和公共关系的部长苏里亚·帕特洛,友好组织"中国之友"协会秘书长乔蒂·马哈帕特拉等于22日共同为图片展开幕剪彩,来自当地政界、商界、教育界的友好人士及印度媒体等共100余人出席
2011年12月23日	中国驻印度使馆和印度"中国之友"协会在奥里萨邦首府布巴内什瓦尔共同举办"中印外交和中印友好"招待会,这为"中印交流年"添上浓重的一笔。张炎大使出席并发表了演讲
2012年1月31日	中华民族传统佳节——2012年春节到来之际,中国驻印度使馆在绿意盎然的使馆大草坪隆重举办了精彩纷呈的"欢乐春节"联欢活动。此次活动由文艺演出、"中印交流年"图片展、新春招待会三部分组成。印度各界友好人士、各国驻印使节、在印华人华侨、中资机构、留学生代表及使馆馆员和家属等共300多人出席
2012年2月25日	印度第一部从中文直接翻译成泰米尔语的中国第一部诗歌总集《诗经》节选译本首发仪式在印度首都新德里的泰米尔中心举行,印度国家安全顾问梅农和中国驻印度使馆公使王雪峰等应邀出席发行仪式,印各界人士200余人参加
2012年4月2日	应印度文化关系委员会邀请,新疆木卡姆艺术团在新德里的斯里堡剧场倾情奉献了一台极富新疆民族特色的歌舞演出,演出受到了现场嘉宾和观众的热烈欢迎。中国驻印度大使张炎、印度文化关系委员会副主席沙西德·梅迪和副主任安瓦尔·哈里姆作为嘉宾出席,印度国会议员、政府官员、各国驻印度使节、印度文化教育及艺术等各界人士近2000人观看了演出
2012年7月20日至26日	第三届中国·新疆国际少儿艺术节在乌鲁木齐市举行。在中国驻印度使馆的协助下,印度代表团由Bal Bharti公立学校9名学生、1名舞蹈老师组成,团长由印度联合国教科文组织俱乐部和协会联合会秘书长巴特那迦担任
2012年8月4日至8日	应印度外交部邀请,中国伊斯兰事务代表团一行8人访问了印度。其间,代表团先后拜会了全印度比丘僧伽会、菩提伽耶大塔管理委员会、印度伊斯兰文化中心,与印度外交部、印度朝觐事务委员会举行会谈,并应邀出席了印度德里邦首席部长希拉·迪克希特女士举行的招待会
2012年8月19日至25日	应首都师范大学附属实验学校的邀请,来自印度首都新德里的春之山谷学校师生一行20人访问了北京。两校是"同心结"的结对学校。此访问是印度联合国教科文组织俱乐部和协会联合会与中国合作的定期文化交流项目的一部分。自2005年起,每年均有一批中国师生访印,同时一批印度师生访华。该项目促进了中印两国人民之间对彼此文化、生活方式和教育制度的了解,为增进中印互信和友谊做出了贡献

续表

时间	事件
2012年11月19日	中国驻印度使馆临时代办邓锡军在使馆为来访的中国青年代表团举行欢迎招待会。中国青年代表团团长、中国青年科技工作者协会秘书长王立健,印度青年与体育事务部常秘尼塔·乔杜里,代表团全体成员及使馆外交官出席了招待会
2012年11月27日	印度新德里的斯里堡剧场里奏响了中国民族音乐的优美旋律,由著名指挥彭家鹏执棒的中国广播艺术团奉献了一台独具特色的民乐晚会,晚会受到现场嘉宾和观众的热烈欢迎。《瑶族舞曲》《秦兵马俑幻想曲》《喜讯到边寨》等优秀民乐作品让印度观众充分感受到中国民族音乐的魅力。印度前旅游部部长苏博特·萨海等印度政府高级官员,中国驻印度使馆公使衔参赞范飞、文化参赞张志宏,各国驻印度使节,印度各界人士千余人观看了演出
2013年1月30日	在中国传统新年到来之际,中国大型功夫舞台剧《功夫传奇》首次在印度上演。中国驻印度大使魏苇专程赴古尔冈新区梦幻剧场与印度观众一起兴致勃勃地观看了演出
2013年2月6日	中国驻印度使馆公使王雪峰应邀出席印度中国经济文化促进会主席迪奥德哈尔的新书发布会并讲话。印度联邦院议员、前青年体育事务部部长曼尼·尚卡尔·艾亚尔一同出席
2013年6月18日	由中国国家新闻出版广播电影电视总局、印度新闻广播部及中国驻印度使馆联合主办的"2013年中国电影节"在印度首都新德里隆重开幕。国家新闻出版广电总局局长蔡赴朝,中国驻印度大使魏苇,印度信息和广播部部长曼尼希·特瓦里、副部长乌代·库马尔等出席了开幕式。作为电影周开幕影片《十二生肖》导演兼主演、著名国际影星成龙应邀参加了开幕式。出席开幕式的还有印度政府官员、外交使团、友好组织、影视界人士以及当地观众1800余人
2013年9月28日	为庆祝中华人民共和国成立64周年,一台由中国驻印度使馆主办,中国国家旅游局驻新德里办事处、印度中国经济文化促进会协办的,以文艺演出与"美丽中国"大型图片展为主要内容的"中印文化之夜"活动,在印度首都新德里的卡马尼剧场隆重推出。中国驻印度使馆公使衔参赞姚敬、武官蔡平、文化参赞张志宏,以及印度政府官员、智库学者、工商界、文化界人士、驻印使团代表和当地印度观众共计600余人出席观看演出和展览
2013年9月28日	魏苇大使出席中国驻印度使馆文化处举办的招待会,与印中友好协会来自全国各地的50余名代表欢聚一堂,共庆中华人民共和国成立64周年。印中友协成立于20世纪50年代,是在周恩来、尼赫鲁等中印两国老一辈领导人的关怀与指导下成立的民间友好组织。几十年来,印中友协坚持不懈,积极推进两国人民之间的友好往来
2014年1月13日	中国中央戏剧学院应邀参加第16届印度"婆罗多戏剧节",在印度新德里的卡马尼剧场成功演出话剧《安妮日记》。中国驻印度大使魏苇、文化参赞张志宏,中国中央戏剧学院党委书记刘立滨,印度国家戏剧学院院长瓦曼·肯德与600多名印度观众观看了精彩演出

续表

时间	事件
2014年2月13日	由中国驻印度大使馆主办，印度中国经济文化促进会协办的2014年"欢乐春节"活动在印度首都新德里隆重举行。中国驻印度大使魏苇、印度旅游部副部长德万、中国对外文化交流协会副会长董俊新、各国驻印使节以及印各界友好人士近2000人应邀出席观看广西杂技团的精彩演出
2015年5月15日	在李克强总理和莫迪总理的见证下，云南民族大学与印度文化关系委员会签署了联合共建瑜伽学院的合作备忘录，这是印度在全球创办的首所瑜伽学院。
2015年11月5日至11日	第17届中国上海国际艺术节"印度文化周"于11月5日至11日在上海举行，由中国上海国际艺术节中心、印度驻上海总领事馆主办。印度文化周在沪举办期间，印度艺术家们为中国观众带来音乐剧《宝莱坞歌舞盛宴》、展览"信仰的意境——印度美术作品展"、舞蹈《纱丽》、拉贾斯坦乔西乐团音乐会等，活动涵盖舞台表演、艺术展览、艺术教育和"艺术天空"户外演出

参考文献

[1] 《印度国家概况》，中华人民共和国外交部，https://www.fmprc.gov.cn/web/gjhdq_676201/gj_676203/yz_676205/1206_677220/1206x0_677222/，最后访问日期：2019年11月13日。

[2] 《印度主要文化机构》，中华人民共和国驻印度共和国大使馆，https://www.fmprc.gov.cn/ce/cein/chn/gyyd/t867209.htm，最后访问日期：2019年11月15日。

[3] 《中国同印度的关系》，中华人民共和国外交部，https://www.fmprc.gov.cn/web/gjhdq_676201/gj_676203/yz_676205/1206_677220/sbgx_677224/，最后访问日期：2020年5月1日。

[4] 《对外投资合作（国别）指南——印度》，商务部"走出去"公共服务平台，http://www.mofcom.gov.cn/dl/gbdqzn/upload/yindu.pdf，最后访问日期：2021年7月21日。

[5] "India and the 2003 Convention"，联合国教科文组织（UNESCO），Intangible Cultural Heritage，https://ich.unesco.org/en/state/india-IN，最后访问日期：2019年11月13日。

[6] Central Institute of Buddhist Studies, https://cibs.ac.in/，最后访问日期：2019年11月17日。

[7] "Central Institute of Himalayan culture Studies, Dahung"，Ministry of Culture, Government of India，https://indiaculture.nic.in/central-institute-himalayan-culture-studies-dahung-arunachal-pradesh，最后访问日期：2019年11月17日。

[8] "Central Universities of Tibetan Studies, Sarnath, Varanasi"，Ministry of Culture, Government of India，https://indiaculture.nic.in/central-universities-tibetan-studies-

sarnath-varanasi，最后访问日期：2019 年 11 月 17 日。

[9] "Nava Nalanda Maha Vihara, Nalanda, Bihar"，Ministry of Culture，Government of India，https://indiaculture.nic.in/nava-nalanda-maha-vihara-nalanda-bihar，最后访问日期：2019 年 11 月 17 日。

[10] "Scheme for Capacity Building And Training for Museum Professional"，Ministry of Culture，Government of India，https://indiaculture.nic.in/scheme-capacity-building-and-training-museum-professional-0，最后访问日期：2019 年 11 月 17 日。

[11] "Capacity Building Programme of National Mission on Libraries for Public Library Personnel"，Raja Rammohun Roy Library Foundation，http://rrrlf.gov.in/Docs/pdf/Capacity_Building_Programme_Brochure.pdf，最后访问日期：2021 年 8 月 30 日。

[12] "About the Ministry"，Ministry of Tourism, Government of India，https://tourism.gov.in/about-us/about-ministry，最后访问日期：2021 年 7 月 21 日。

[13] "The Cultural Exchange Programs between India and other countries"，联合国教科文组织（UNESCO），Diversity of Cultural Expressions，https://en.unesco.org/creativity/policy-monitoring-platform/cultural-exchange-programs，最后访问日期：2019 年 11 月 17 日。

[14] "Launch of the Official Logo for 2014 Year of Friendly Exchanges between India and China"，Press Release，https://indiaculture.nic.in/sites/default/files/festival_china/press_release/Pressrelease%20india.pdf，最后访问日期：2019 年 12 月 3 日。

[15] "BRICS Leaders Xiamen Declaration"，Ministry of External Affairs，Government of India，https://www.mea.gov.in/Uploads/PublicationDocs/28912_XiamenDeclaratoin.pdf，最后访问日期：2019 年 12 月 3 日。

[16] Deloitte Report - Economic Contribution of the Indian Motion Picture and Television Industry.

[17] "The Indidan Film Industry"，Indywood，https://www2.deloitte.com/content/dam/Deloitte/in/Documents/technology-media-telecommunications/in-tmt-indywood-film-festival-noexp.pdf，最后访问日期：2019 年 12 月 15 日。

[18] "Market size of the television industry across India from FY 2017 to FY 2022"，Statista，https://www.statista.com/statistics/795251/india-market-size-of-tv-industry/，

最后访问日期：2019 年 12 月 11 日。

[19] "Corporate Information"，Sun TV Network，http://www.suntv.in/pdf/Finance/Annual_Report_for_the_Financial_Year_2017.pdf，最后访问日期：2019 年 12 月 15 日。

[20] "Revenue of performing arts (SIC 90.01) in India from 2008 to 2018(in million U.S. dollars)"，Statista，http://www.statista.com/forecasts/331221/india-performing-arts-revenue- forecast-sic-9001，最后访问日期：2021 年 8 月 30 日。

[21] "Revenue of performing arts support activities (SIC 90.02) in India from 2008 to 2018(in million U.S. dollars)"，Statista，http://www.statista.com/forecasts/331222/india-performing-arts-support- activities-revenue-forecast-sic-9002，最后访问日期：2021 年 8 月 30 日。

[22] "India Media and Entertainment Industry Report 2017"，KPMG India—FICCI，https://assets.kpmg.com/content/dam/kpmg/in/pdf/2017/04/FICCI-Frames-2017.pdf，最后访问日期：2020 年 1 月 5 日。

[23] "The future of India's newspapers lies in the hinterlards"，Quartz India，https://qz.com/india/643982/the-future-of-indias-newspapers-lies-in-the- hinterlands/，最后访问日期：2021 年 8 月 30 日。

[24] "Number of Literates & Literacy Rate"，Office of the Registrar General & Census Commissioner, India，http://censusindia.gov.in/Census_Data_2001/India_at_glance/literates1.aspx，最后访问日期：2020 年 1 月 13 日。

[25] "Indian book market to touch Rs 739 billion by 2020: Survey"，The Economic Times，https://economictimes.indiatimes.com/industry/media/entertainment/media/indian-book-market-to-touch-rs-739-billion-by-2020-survey/articleshow/49996781.cms，最后访问日期：2020 年 1 月 21 日。

[26] "India's book buying habits say a lot about the country's economy"，Livemint，https://www.livemint.com/Consumer/CGbcF5G9yLrFLfvahGugcJ/Indias-book- buying-habits-say-a-lot-about-the-countrys-eco.html，最后访问日期：2021 年 8 月 30 日。

[27] "How Digital Gaming In India Is Growing Up Into A Billion-Dollar Market"，Forbes，https://www.forbes.com/sites/suparnadutt/2018/03/09/how-online-gaming-in-india-is-growing-fast-into-a-billion-dollar-market/#6e03ef155b62，最后访问日期：2020 年 3 月 1 日。

[28] "Indian gaming industry to grow in double digits: MOS IT", Times of India, https://timesofindia.indiatimes.com/business/india-business/indian-gaming-industry-to-grow-in-double-digits-mos-it/articleshow/56959809.cms, 最后访问日期: 2021年8月30日。

[29] "Mobile gaming market in India to touch $3 billion by 2023", The Hindu BusinessLine, https://www.thehindubusinessline.com/info-tech/mobile-gaming-market-in-india-to-touch-3-billion-by-2023/article34090995.ece, 最后访问日期: 2021年8月30日。

[30] "Indian Handicrafts Industry & Exports", IBEF (Indian Brand Equity Foundation), https://www.ibef.org/exports/handicrafts-industry-india.aspx, 最后访问日期: 2020年3月17日。

[31] "Indian Handicraft Industry", Jodhpur Handicrafts Exporters' Association, http://www.jhea.in/indian-handicraft-industry, 最后访问日期: 2020年3月21日。

[32] "Textile Industry & Market Growth in India", IBEF (Indian Brand Equity Foundation), https://www.ibef.org/industry/textiles.aspx, 最后访问日期: 2020年3月17日。

[33] "Textiles and Apparel", IBEF (Indian Brand Equity Foundation), https://www.ibef.org/uploads/industry/Infographics/large/Textile-and-Apparel-July-2018.pdf, 最后访问日期: 2020年3月17日。

[34] Greg Richards, *Cultural Tourism in Europe* (Wallingford: CAB International, 1996), Available to download from www.tram-research.com/atlas.

[35] "Tourism in India is booming. But why is everyone so worried?", The Economic Times, https://economictimes.indiatimes.com/industry/services/travel/tourism-in-india-is-booming-but-why-is-everyone-so-worried/articleshow/64890122.cms, 最后访问日期: 2020年3月23日。

[36] "Tourism & Hospitality Industry in India", IBEF (Indian Brand Equity Foundation), https://www.ibef.org/industry/tourism-hospitality-india.aspx, 最后访问日期: 2020年3月27日。

[37] "Education & Training Industry in India", IBEF (Indian Brand Equity Foundation),

https://www.ibef.org/industry/education-sector-india.aspx,最后访问日期：2021年6月20日。

[38] "Visual arts industry in India:Painting the future",KPMG—FICCI,http://ficci.in/spdocument/22945/Visual-arts-industry-in-India.pdf,最后访问日期：2020年4月10日。

后 记

2014年3月，国务院颁布了《关于加快发展对外文化贸易的意见》，同年6月，我所在的北京第二外国语学院国家文化发展国际战略研究院受商务部服务贸易和商贸服务业司委托，就开拓海外文化市场展开研究，发展文化贸易重要的基础条件之一是要了解海外文化市场，没有对文化市场的全面了解和客观分析，进行文化贸易必然是盲目的。基于此，在5个月后我们提交了调研报告，其中把中东欧国家文化市场定义为"被我们遗忘的市场"……2014年7月7日，文化部对外文化联络局发来红头文件《关于委托北京第二外国语学院牵头组建国家文化贸易学术研究平台的函》，从那时起，北京第二外国语学院的文化贸易研究团队就机制化地承担起更重要的责任和使命。

2015年初，文化部对外文化联络局欧亚处召集有关部门探讨有关中国与中东欧国家文化交流与合作事项，我提出愿意孵化编撰有关中东欧国家文化市场研究的出版物，同时可以组织召开中国与中东欧国家文化创意产业论坛……彼时，正值中国"一带一路"构想全面实施的开局之年，"一带一路"倡议从顶层设计和规划走向逐步落实，正在走向实质进展阶段。在文化部对外文化联络局的充分信任和大力支持下，"中国—中东欧国家文化创意产业论坛"、《中国—中东欧国家文化创意产业概览》被列入"中国—中东欧国家合作苏州纲要"，此后在中东欧国家文化管理和促进部门的积极协助下，于2016年5月在塞尔维亚贝尔格莱德成功举办了首届"中国—中东欧国家文化创意产业论坛"，论坛上发布了《重新发现：中国—中东欧十六国文化创意产业概览》（汉英对照）上下册……可以说历经这16个月，最大的收获莫过于我们找到了与外方共同推动合作研究的恰当模式，与此同时，即启动孵化"国际文化市场研究"系列丛书。2017年"中国（北京）国际服务贸易交易会"在北京如期举办，时任商务部服务贸易和商贸服务业司司长冼国义在由北京第二外国语学院主办的"第十一届国际服务贸易论坛"开幕式上宣布启动共建"一带一路"主要国家文化市场研究项目。

基于日益夯实的中外合作交流机制，《丹麦文化市场研究》《澳大利亚文化市场研究》《法国文化市场研究》《泰国文化市场研究》相继正式出版发行。此前的这四年又在孕育、孵化、耕耘一切的可能性。

《国际文化市场研究·印度卷》得益于中国国家文化贸易学术研究平台与印度中国经济文化促进会的务实合作。2017年在中国国内的一次学术交流活动，我与印度中国经济文化促进会的艾尔凡·亚兰（Irfan Alam）先生交谈后，双方都有强烈的合作愿望，很快便促成了我们双方签署合作协议，务实合作的第一个项目就是由印度中国经济文化促进会秘书长、经济学家穆罕默德·萨奇夫（Mohammed Saqib）先生主笔的《国际文化市场研究·印度卷》。

《国际文化市场研究·西班牙卷》始于2016年12月我们在比利时召开的"中国—欧盟创意产业及文化贸易论坛"，其中在比利时布鲁日欧洲学院的论坛之后，许雯女士与我就文化贸易的一些基本问题进行了探讨，此后她成为欧洲创意文化Creative-Culture的创始人，在她的积极推动下，时任欧洲委员会议会议员、欧洲议会议员、国际影业委员会电影艺术与电影艺术研究所所长及文化部部长伊格拉斯·盖丹斯（Ignasi Guardans）先生（西班牙）承担起《国际文化市场研究·西班牙卷》的牵头组织撰写工作。

《国际文化市场研究·波兰卷》得益于波兰文化与民族遗产部（现更名为波兰文化、民族遗产与体育部）鼎力支持，特别是要感谢波兰文化与民族遗产部国际关系司首席专家阿伽塔（Agata Kurdziel）女士与高级专家安娜（Anna Ceynowa）女士，2017年在北京"京交会"期间，她们促成了中国国家文化贸易学术研究平台与波兰国家文化中心签署战略合作协议。2018年，波兰文化与民族遗产部作为主办方之一成功举办了第三届"中国—中东欧国家文化创意产业论坛"，波兰副总理兼文化与民族遗产部副部长彼得·格林斯基教授参加了论坛并发表演讲，会议之后我们又进行了小范围会谈，印象最深刻的是副总理先生始终以"教授"称他本人与来自中国的我，让我强烈地感受到他对中国学者的尊重与信任。此后《国际文化市场研究·波兰卷》在双方的共同努力下，由中方编写组主导完成。

《国际文化市场研究·日本卷》是最多舛的，当然，今天看来"一切安排也都是最好的"。本书的重要作者是北京第二外国语学院中日韩合作研究中心主任江新兴教授，2017 年初，我向他请教此事并希望得到他的同意，江教授谦逊有度、治学严谨，我们相互交流了多次，后来，江教授在赴日本做访问学者的一年多时间里也拜访了日本许多专家，如日本九州大学郭俊海教授、横滨商科大学小林二三夫教授等。另外，北京第二外国语学院日语学院研究生魏奎、刘晨钰、石优优三位同学为收集资料做了很多贡献，特别要提到的是国内唯一的北京第二外国语学院交叉学科国际文化贸易专业（日本文化贸易方向）的刘昂、许婉玲两位研究生，日语语言应用能力极强，又有文化贸易学科专业知识，对于日本文化市场的理解和思考非常深入，为本书的成功做出了巨大的努力。

诚如上述，这项研究极具开创性，且由中方学术机构主导，是基于中外长期学术交流的合作成果。今天，中国国家文化贸易学术研究平台已经拥有 19 个国家的 23 家紧密合作伙伴，学术外交角色日益显现。如今，我们充分发挥"学术外交"角色的独特作用，成为中国文化有效"走出去"的理论探索者与构建者、实践的学术先行者、政府决策咨询的建议者和推动者、人才培养模式创新的领航者、文化遗产传承与发展的护航者、产业贸易促进的倡导者与服务者。我们的团队是由有理想、有抱负的哲学社会科学工作者组成的，必然立时代之潮头、通古今之变化、发思想之先声，积极为党和人民述学立论、建言献策，担负起历史赋予的光荣使命。不追逐名利、不蹭热点，依然坚守"不做书斋里的学术机构，不做纸上谈兵的智库，把学术文章写在提升中华文化国际影响力的发展之路上！"为国际文化贸易的学术推广、为中华文化进行有效的国际传播做出力所能及的贡献。

是以为记。

李嘉珊

2021 年 8 月 14 日于北京

图书在版编目(CIP)数据

国际文化市场研究.印度卷/(印)穆罕默德·萨奇夫(Mohammed Saqib)著.--北京:社会科学文献出版社,2021.12
　　ISBN 978-7-5201-9584-3

Ⅰ.①国… Ⅱ.①穆… Ⅲ.①文化市场-研究-印度 Ⅳ.①G114

中国版本图书馆CIP数据核字(2021)第271617号

国际文化市场研究·印度卷

著　　者 /	[印度]穆罕默德·萨奇夫(Mohammed Saqib)
出 版 人 /	王利民
组稿编辑 /	蔡继辉
责任编辑 /	王玉霞
文稿编辑 /	邹丹妮
责任印制 /	王京美
出　　版 /	社会科学文献出版社·城市和绿色发展分社(010)59367143
	地址:北京市北三环中路甲29号院华龙大厦　邮编:100029
	网址:www.ssap.com.cn
发　　行 /	市场营销中心(010)59367081　59367083
印　　装 /	三河市东方印刷有限公司
规　　格 /	开　本:787mm×1092mm 1/16
	印　张:9.25　字　数:200千字
版　　次 /	2021年12月第1版　2021年12月第1次印刷
书　　号 /	ISBN 978-7-5201-9584-3
定　　价 /	280.00元(全四卷)

本书如有印装质量问题,请与读者服务中心(010-59367028)联系

▲ 版权所有 翻印必究